看懂门道
买对保险

正确购险的
108个常识

李伦春◎编著

中国铁道出版社有限公司
CHINA RAILWAY PUBLISHING HOUSE CO., LTD.

内 容 简 介

本书是一本专门介绍老百姓如何正确购买保险的工具书，全书精选了普通客户最需要关心和掌握的 108 项购险知识。

本书共 11 章，主要内容分为 3 个部分，第一部分讲解了保险的基本知识和首次购买保险应遵循的原则；第二部分详细介绍了市面上一些主流的险种，如重疾险、意外险和财产险等，同时说明了它们的优缺点和购买注意事项；第三部分阐述保险营销"手法"，教会老百姓看懂保险合同。

本书在讲解过程中，考虑到理论的易理解性和方法的可操作性，从而选取一些贴近实际的案例进行保险选购说明。因此，本书适合普通老百姓阅读使用，且对于想进一步研究保险产品、有购买保险需求以及其他对保险理财感兴趣的人群都大有裨益，非常适合研读。

图书在版编目（CIP）数据

看懂门道，买对保险 ：正确购险的 108 个常识 / 李伦春编著 ． —北京：中国铁道出版社有限公司，2019.6
　ISBN 978-7-113-25657-9

　Ⅰ．①看… Ⅱ．①李… Ⅲ．①保险－基本知识 Ⅳ．
① F84

中国版本图书馆 CIP 数据核字（2019）第 053080 号

书　　名：**看懂门道，买对保险——正确购险的 108 个常识**
作　　者：李伦春

责任编辑：张亚慧	读者热线电话：010-63560056
责任印制：赵星辰	封面设计：MXK DESIGN STUDIO

出版发行：中国铁道出版社有限公司（100054，北京市西城区右安门西街 8 号）
印　　刷：三河市宏盛印务有限公司
版　　次：2019 年 6 月第 1 版　　2019 年 6 月第 1 次印刷
开　　本：700 mm×1 000 mm　1/16　印张：18　字数：225 千
书　　号：ISBN 978-7-113-25657-9
定　　价：55.00 元

前言

PREFACE

在 2017 年中央电视台播出的《中国经济生活大调查》节目中介绍过，保险是 2017 年全国百姓投资意愿最高的产品，超过了对基金和股票的投资意愿。

是的，在看病贵、看病难且重大疾病越来越高发化、年轻化的今天，人们真的很需要一种工具来保护自己好不容易构建起来的"生活大厦"不被突如其来的风险击垮，无疑"保险"是这样一种科学合理的工具。

但是，由于保险在我国起步较晚，人们的保险意识并不是太强，再加上保险营销的代理人制度门槛太低，保险条款复杂繁多等原因，造成保险在销售和理赔过程中有很多不规范甚至错误的情形，导致投保人利益受损的情况也多有发生。

所以，"保险是骗人的""保险是传销"以及"投保容易理赔难"等声音不绝于耳。而对于保险销售，代理人虚假承诺、不实宣传和专业度不够等各种问题也屡见不鲜。

因此，保险需要被人们客观公正地对待，人们也需要购买到合适的产品。所以，本着普及保险知识，改善信息不对称的保险销售现状，帮助人们对保险产品和自我需求进行客观科学的判断，最终做出更契合自身情况的保险购买选择，我们策划和编写了本书。

本书共 11 章，分为 108 项内容，具体章节和内容如下所示。

◎ **第一部分（第 1～第 2 章）**：主要介绍了保险的一些基本知识和首次购买保险需要遵循哪些原则等，包括保险和储蓄的比较、保额与保费怎么确定、优先给谁买保险以及买哪家保险公司的产品等，帮助读者对保险建立科学且客观的总体认知。

◎ **第二部分（第 3～第 10 章）**：主要介绍了目前市面上比较主流的各种险种以及各类人群应该如何购买这些保险，包括重疾险、意外险、寿险、医疗险、少儿险、理财险、万能险和财产险等。详细讲解这些保险的优缺点以及购买时需要注意的地方，让读者能够系统地掌握给家庭配置保险的方法。

◎ **第三部分（第 11 章）**：主要介绍了保险销售中常用的营销方法以及怎样快速看懂保险合同，使读者在接触到保险方案和保险销售的时候，能够拨云见日，保持理智，尽量少被"花里胡哨"的营销方式迷惑。

本书语言通俗易懂，知识讲解时尽量简化理论，辅以图示和案例展示，关键点清晰。案例的选取遵循生活化、贴切化的原则，使读者能真正感同身受，明白保险的重要性，同时还为读者介绍了很多减少不必要保险开支的办法和方案，实用性极强。适合想要了解保险和购买保险的人群使用。

最后，希望所有读者都能通过本书的知识传递，购买到称心如意的保险产品。

由于编者经验有限，加之时间仓促，书中若有疏漏和不足之处，恳请专家和读者不吝赐教。

编　者

2019 年 3 月

目录

C O N T E N T S

第1章 现代社会，正确而理智地认识保险

随着社会经济水平的提高，在解决了基本生存需求之后，人们的安全需求、风险意识等逐渐增强。保险作为当下较为合理而科学的风险管理工具，被越来越多的人接受并认可。但大众对保险仍有过度神话或黑化的两极看法，作为一名现代人，应在理性认识和了解的基础上正确地看待保险。

第2章 怎样选购家庭的第一份保险

很多人在意识到保险需求并开始考虑选购保险的时候，往往是一头雾水。首先对保险没有明确的概念，做不到"心中有数"；其次，市场上保险公司太多，保险产品更多，不同的保险代理人说法更不一样，使本就不懂的我们更加难以抉择。其实，买保险有一定的原则和方法，把握住这些将很容易买对保险。

第3章 重疾险，为生命撑起保护伞

重疾，生命中不能承受之重，从天而降，猝不及防，让无数家庭因病返贫，风雨飘摇。所以，很多人买保险首先都会想到买重大疾病保险，但是重疾险也有很多需要了解的知识和遵循的原则，本章教你如何购买一份合适的重疾保险。

第4章 意外险，用低保费撬动高保额

有句话叫"谁知道明天和意外，到底谁先来"，是的，在这个风险社会，意外无处不在。人的离去一般是这两种方式，疾病和意外。一场意外，可以改变人生，甚至毁掉一个家庭，所以意外险也格外受人重视。因此对于意外险，也有很多"门道"需要摸清。

第5章　寿险，爱与责任的体现

都说生命无价，但是在保险中，生命却是有价格的，那就是寿险保额所对应的身价。当被保险人死后，保险公司会给受益人一笔钱，所以，寿险对应的被保人自己不能获益。但是这样一个保死不保生的保险，却是当今保险市场上的主流险种且广受客户认可。那么，寿险到底该怎么买？哪些人适合买寿险呢？本章将详细讲解。

第6章　看病贵，医疗险让你住院安心

当今社会，看病贵、看病难是百姓心中的一大痛点，随随便便住一次院，可能几个月工资就没了，更别说一些严重的疾病。相对重疾险的条条款款，越来越多的人也比较青睐于医疗险的"住院就报"，尤其是保险在互联网上的普及让更多人意识到医疗险的重要，似乎有了它，住院就不是钱的事儿。

第 7 章　孩子是宝，怎样给他合适的保障

　　儿童虽然不是交保费的人，但却是保险市场的一股庞大力量，是主要的被保险人。给儿童买保险，已成为广大成年人越来越关注并正在做的事情。因此，怎么给儿童买保险，也是需要普及的保险常识。

第 8 章　理财型保险帮你守住财富

　　除了保障性质的保险，理财型保险也是热度很高的险种，什么分红、年金、教育金和养老金等，挑动着人们对财富膨胀的欲望和对美好生活向往的神经。更因为保险公司每年必搞的"开门红"营销策略让越来越多的人开始被理财险吸引。但是，理财型保险真有那么大魅力吗？本章就来摸摸它的底。

第 9 章　万能保险并非"万能"

万能险是介于分红与投连险之间的一种投资型寿险，在一再倡导"保险姓保"之前，万能险几乎是主流的销售产品，现在虽然呼声减弱，但仍有很多人购买。本章带你真正了解万能险的"万能"。

第 10 章　必不可少的财产险和其他责任险

寿险是以人作为保险标的，财产险则是以物作为保险标的，比如最常见的车险。所谓创业艰难守业更难，因此，了解如何用保险保护来之不易的财富很有必要。作为担任各种社会角色的我们，有时候用保险转移角色责任也能起到解决生活麻烦的作用。

第 11 章　雾里看花，保持理性最重要

　　无论是保险产品还是保险公司的营销大法，都可谓是纷繁迷乱，让人感觉雾里看花。作为客户，想要降低被营销的可能，买到合适的产品，只有在相信专业的基础上，理清自己的需求，保持理性，才能在琳琅满目的产品中和庞大的营销队伍中找到适合自己的那盘菜。

社保

商保 +

赔付

保额 +

保费

存款

+ 缴费

倒闭

裸险

半险 +

全险

误解

+

第1章

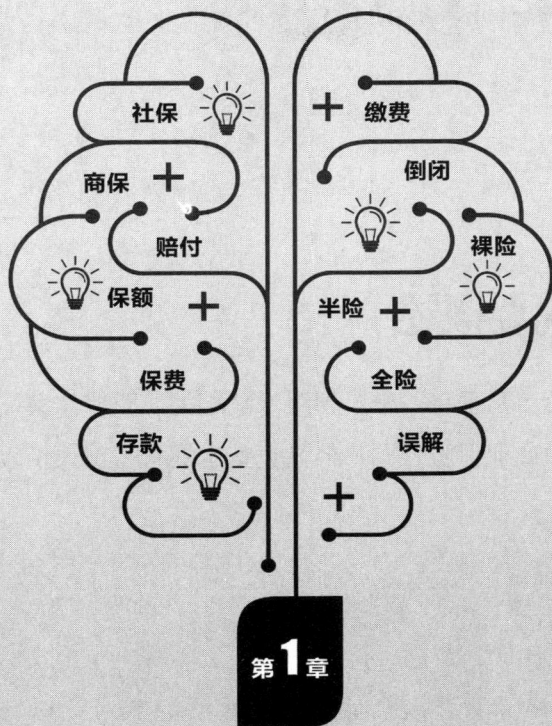

现代社会，正确而理智地认识保险

随着社会经济水平的提高，在解决了基本生存需求之后，人们的安全需求、风险意识等逐渐增强。保险作为当下较为合理而科学的风险管理工具，被越来越多的人接受并认可。但大众对保险仍有过度神话或黑化的两极看法，作为一名现代人，应在理性认识和了解的基础上正确地看待保险。

No.01
保险之简要概述

当今社会，几乎每一个人都跟保险相关，即使你家里面可能暂时没有任何一份商业保险合同，但是也基本拥有一份天使般的福利——社会保险。

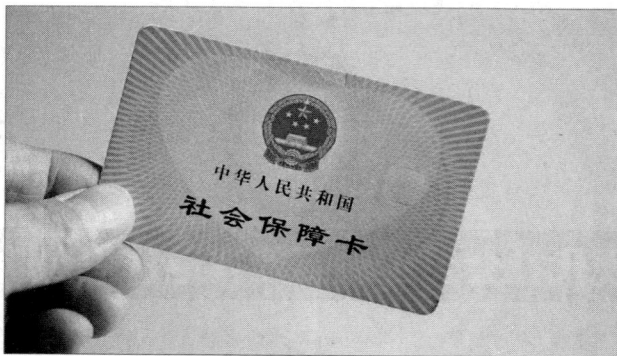

社会保障卡

社会保险属于强制性保险，包括企业职工社保、城乡居民基本医疗保险（新农合），都属于社保范畴。而本书主要讲的是越来越受青睐的商业保险。

无论是商业保险还是社会保险，本质上都是一种风险管理工具。关于这个工具，它的前身可以追溯到公元前 2500 年左右。当人类开始与自然灾害和不可预知的意外为了生存而做斗争的时候，就逐渐萌生了保险的意识。当时主要采用互助形式，比如古巴比伦国王通过收取税款的方式储备火灾救济金（类似于今天的意外险）；古埃及的石匠工人收取会费解决同伴安葬入殓问题（补贴型保险）；古罗马帝国士兵采用集体集资给牺牲战友的家人提供生活保障（身价险），等等。

保险从萌芽时期的互助形式逐渐发展成为海上保险、火灾保险、人寿保险和其他保险，并发展成为今天的现代保险。

我国的商业保险公司最早为 1929 年成立的太平水火保险公司。到今天，已有近百家人寿保险公司和财产险公司。如果算上再保险公司、外资保险公司，更是不计其数。

无论你接受与否，环视周围你会发现，自己已经很难不接触到商业保险了。要么家里已经购买了，要么身边有认识的人在保险公司工作。很多人已经把商业保险视为刚需，越来越多的人主动或被动地都逐渐变成保险客户。那么，保险到底是什么？市场上保险产品琳琅满目，令人眼花缭乱，保险有具体的分类吗？保险可以起到哪些作用呢？

（1）保险是什么

《中华人民共和国保险法》第二条中有如下定义："保险，是指投保人根据合同约定，向保险人支付保险费，保险人对于合同约定的可能发生的事故因其发生所造成的财产损失承担赔偿保险金责任，或者当被保险人死亡、伤残、疾病或者达到合同约定的年龄、期限等条件时承担给付保险金责任的商业保险行为。"

以上是专业的法律定义，翻译成大白话就是：你向保险公司交保费，当发生合同约定的事情或者到达约定的时间，保险公司向你支付保额或者补偿损失。

客户交保费，保险公司赔保额

所以，保险是一种保障，也是一种投资，更是一种对于未来不可预知的人生的一种提前规划。

保险的基本应用原理是"大数法则"，任何看似随机的现象，如果放大到一定数量，那么都会有一个必然的概率。

例如：抛一枚硬币，正面和反面的概率各为 50%，如果我们连抛两次硬币，很难得到一正一反的结果。但如果抛成千上万次，那么正反两面的结果会无限趋近于 50%，这就是"大数法则"下表现出的必然规律，也是保险建立的基础。

假设以自驾车车祸死亡为例，对于一个开车的人而言，某天可能发生，也可能不发生。但是如果有 10 亿人，大数据就会统计到可能每 10 分钟就会有一个人丧命于车轮之下。如果有 1 万人投保，每人 100 元，有一个人发生交通事故死亡，那么就可以赔偿他 100 万元，用于安抚死者家人。这就是"大数法则"下以互助为基本精神的保险。

（2）保险的作用

保险既然是风险管理工具，那么必然对风险产生的影响也就是风险造成的破坏进行补偿或者赔付。所以，保险从经济上讲，起到了保护经济水平的作用，具体如下。

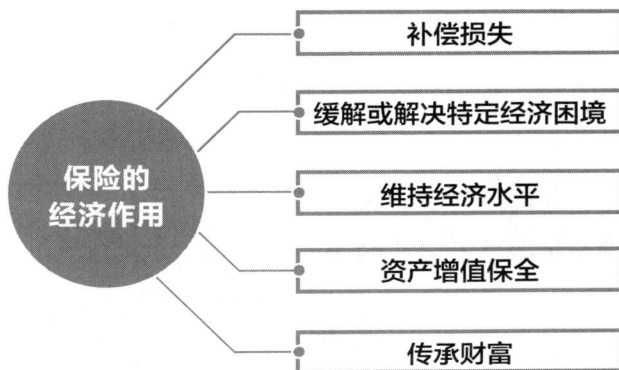

保险的
经济作用

补偿损失

缓解或解决特定经济困境

维持经济水平

资产增值保全

传承财富

保险的经济作用

由于保险能在一定程度上解决风险带来的经济损失，那么延伸开来，保险还具有社会和心理作用。

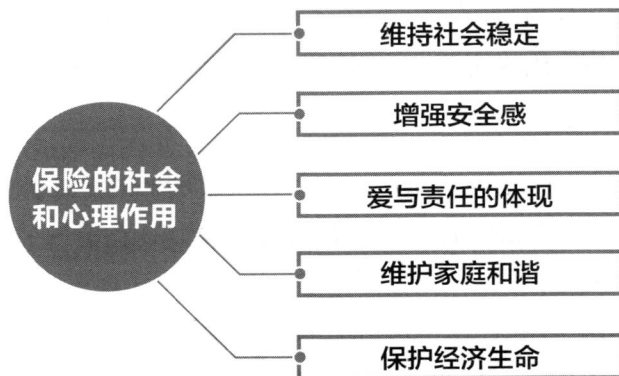

保险的社会
和心理作用

维持社会稳定

增强安全感

爱与责任的体现

维护家庭和谐

保护经济生命

保险的社会和心理作用

从保险的设计原理来看，尤其是保障类的保险，因为是互助形式，通常保费都会低于保额。而越早出险，保额较之于保费的比例越高，所以保险还有一个非常重要的作用，那就是"以小博大"。

（3）保险的种类

保险的分类并没有统一的标准，按照被保护的对象（即保险标的）的不同，可以分为人身保险和财产保险两大类。

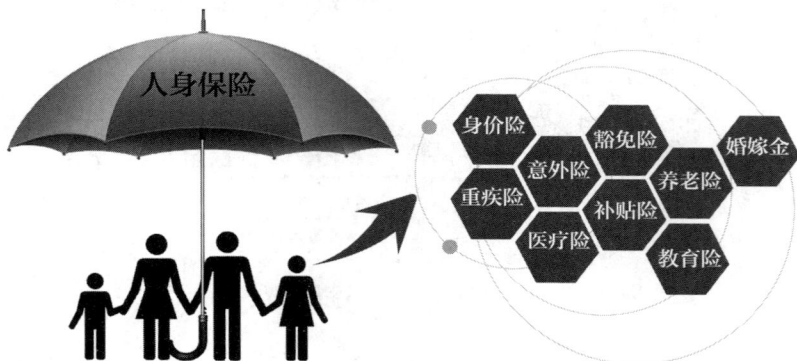

人身保险的部分险种

从上图可以看出，人身保险是以人的寿命、健康以及阶段性的刚需、资金储备为保障因素而设计的。总之，就是保障人的主动或者被动花费，降低经济风险。

财产保险顾名思义就是保障人们财产的保险，保险公司以投保人的某种财产作为承保标的，赔偿经济损失，主要有如下一些险种。

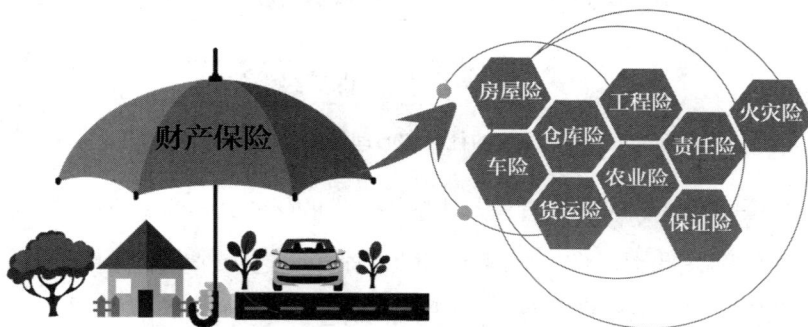

财产保险的部分险种

对于大多数普通人而言，经常接触而且会购买的保险是车险、房屋险和建工险等。

所以，无论是人身保险还是财产保险，归根结底，都是保障个人、家庭或者企业避免因为某种原因而陷入经济困境或者遭受经济损失。

No.02
我为什么要买保险

现代社会是一个各种风险暗藏的社会，比如可能会发生疾病风险、意外风险或者自然灾害风险，而且谁也无法预知这些风险什么时候会发生。可能一个好不容易奋斗到小康水平的家庭，因为一场疾病直接一贫如洗。所以，为了增强抵抗风险的能力，保持现有的经济水平，需要未雨绸缪。

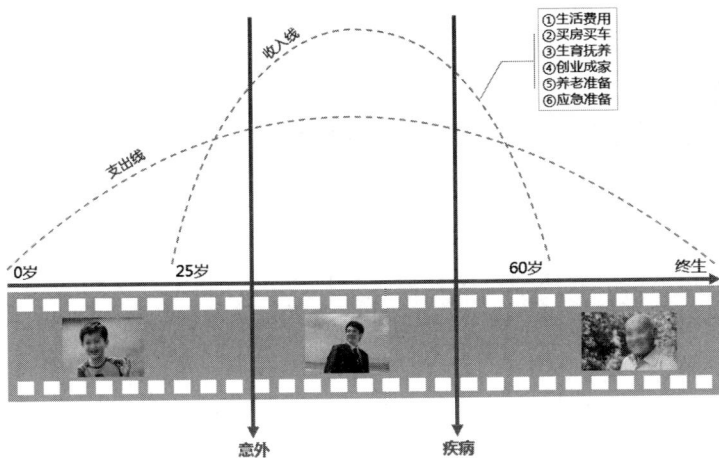

①生活费用
②买房买车
③生育抚养
④创业成家
⑤养老准备
⑥应急准备

收入线

支出线

0岁　　25岁　　60岁　　终生

意外　　疾病

人生草帽图

从人生草帽图可以看出，当一个人从出生开始直到终老，始终有一件事伴随着我们，那就是"花钱"，花钱的时间是无限的，而挣钱的时间一般来说却是有限的。按一般情况来讲，大概就是 25 岁就业到 60 岁退休，此期间要挣够一生要花的钱，包括生活费用、买房买车、生育抚养、创业成家、养老准备以及应急准备。但人生不是一帆风顺的，一场意外或者疾病有可能会中断我们的收入，而此时我们的支出不但不会减少，反而会急剧增加。

所以，人生需要提前做好规划和准备。

⛽ 保险加油站

著名学者胡适在谈到保险时是这样说的："保险的意义，只是今日做明日的准备；生时做死时的准备；父母做儿女的准备；儿女幼时做儿女长大时的准备，如此而已。今天预备明天，这是真稳健；生时预备死时，这是真旷达；父母预备儿女，这是真慈爱。不能做到这三步，不能算做现代人！"

No.03
买保险和存钱，哪个更划算

很多人在买保险的时候，都会有一个疑问，到底是把钱放在保险公司划算，还是放在银行更划算？然后对银行利率、保险收益进行各种对比研究，在保险代理人的各种劝说中举棋不定。

其实，保险和存钱是两个不同类别的东西，各有其优劣，没有直接的可比性。用户只要清楚自己想解决什么问题，就很好选择了。

存款还是保险，这是一个值得深思的问题

首先，保险最主要的功能是保障，而存款的目的是存钱，如果希望用钱解决疾病及意外等风险，那么，肯定应该选保险。

当你手上有50万如何安排

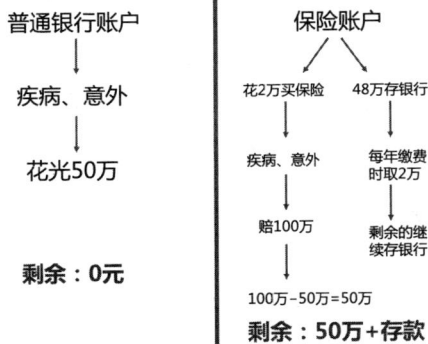

从保障角度而言，存款和保险的区别

其次，如果希望资产保值、增值，而且能灵活使用，保险则不如存款。因为，无论是分红型还是年金型的保险，收益都不是太高，保险看中的是中长期利益，短期利益根本不忍直视。而且理财型保险前面几年的现金价值都很低，取出来不划算，所以灵活性不如存款。对于比较懂理财而且勤快的人来讲，完全可以通过合理配置理财篮子以获取比保险更高的收益。

虽然存款灵活，想取就取，但是对于很难严格按照自己的规划实施的人来说，问题也就随之而来了。今天新出的 iPhone 很喜欢，取8 000 元买；明天觉得车子应该换一换了，取个 10 万 8 万按揭一台；后天亲戚说需要借钱投资某某项目，都是一家人，不借难为情，借吧，等等。如此东花一笔西用一笔，存款未必能稳稳当当地存在银行。但是如果买了理财型保险，所有想动这笔钱的原因都会因为取出来不划算而作罢或者另寻他法，如此一来，时间一长，这笔钱也就存下来了。

所以，存款和保险到底谁划算，相关总结如下表所示。

存款和保险对比

对比因素	存款	保险
短期收益	收益稳定，目前一般在 1.95 ~ 4.5 之间，可以保证资产平稳增值	短期没有收益，甚至本金还会受损，一般理财型保险要在第 8 ~ 10 年才会回本
中长期收益	取决于整体经济发展水平和货币政策，如果按目前的存款利率计算，一般 15 ~ 20 年本金翻倍	理财型保险是基于保险公司过往经营效益合理假设未来收益进行演算的，大部分收益来自于浮动收益，按目前理财型保险的结算利率来看，基本在 15 ~ 20 年本金可翻倍
保障利益	如果是每年存一点，可能要连续存很多年才能达到保障的额度需求，在此之前发生风险，都不够用。除非放一笔钱在银行一直不动，专款专用，但现实很难做到	保险的最大作用，是从合同生效的那天开始，就拥有了对应的保障额度，这就是保险的杠杆作用，以小博大
灵活性	存款可根据自己的需求随时取用，非常灵活	保险锁定了资产，在灵活性上远不如存款

续表

对比因素	存款	保险
专款专用	取决于人的主观控制和决定，很难保证专款专用	要约定的风险发生或者达到一定时间才能使用，专款专用
安全性	目前最安全的理财方式	和银行一样同属于银保监会监管，监管严格，不能申请破产倒闭，所以非常安全

很多人不太看得上保险的专款专用这个特点，但是对于关系较为复杂的家庭，比如再婚组合家庭，如果想确切地给孩子预备教育金、创业金之类的款项，使其学业不会被家庭因素影响，那么专款专用的保险就很合适。当然，指出这点不是代表家人之间不信任，而是婚姻、人性（尤其在巨大利益面前）本身就带有风险。所以越早规划的家庭会越幸福，因为避免了将来矛盾的发生。

No.04
我有社保，还买商业保险干什么

现在基本人人都有社保，如果生病住院，可以得到不少报销。而且社保很便宜，所以，还花那么多钱买商业保险干什么呢？这是很多人的疑问。

绝大多数人在患病后，尤其是大病会面临3笔费用支出：第一，住院期间的治疗费用，这个是最刚性也可能是最大的一笔费用；第二，患病期间自己和家人的误工损失；第三，除治疗费用的其他间接支出，比如四处求医的交通食宿费、通过各种渠道购买国外药品的费用、出院后在家长期吃保健品以及定期复查理疗的康复费用，或者有的疾病牵涉到安装替代器官的，比如假肢，不仅假肢本身需要钱，穿戴以及适应假肢也需要专业的康复训练，同样需要钱。所以，社保哪怕给予参保人 100% 的报销，收入损失和其他间接费用都是无法报销的。而且，如果想追求一个高质量的病后生活，第二笔费用和第三笔费用加起来可能会远远超过治疗费用。更何况社保目前的报销比例最高为 80%，生大病需要的特效药、进口药等很多更是不在报销目录内。

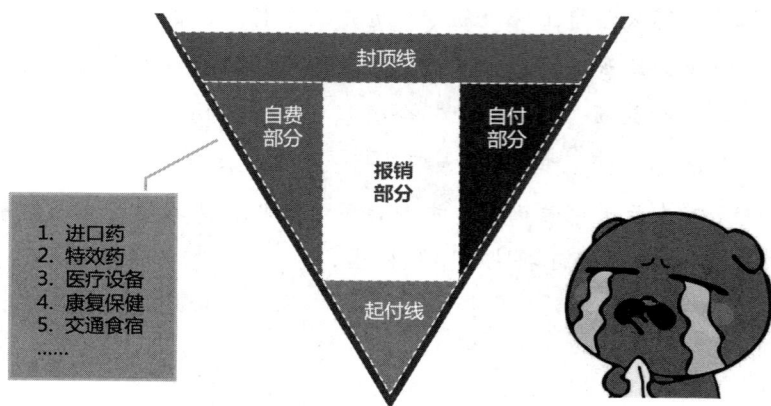

自费部分

报销部分

自付部分

封顶线

起付线

1. 进口药
2. 特效药
3. 医疗设备
4. 康复保健
5. 交通食宿
……

社保报销示意图

所有商业保险中报销型的医疗险最上限只能解决住院期间在医院产生的费用，这叫补偿性原则。家庭成员因为生病而产生各种后勤保障费用和个人渠道购买的药品及保健品等目前任何医疗险都无法解决，只有通过重疾保险的"提前赔付"才可以解决这部分费用。

很多生重病的人可能处于上有老下有小的责任重大期，而且自己还是家里的经济支柱，一旦患病或发生意外，收入中断，仅有的积蓄迅速被"榨"干。孩子要上学、父母要养老，这个时候不得不降低生活水平，整个家庭都将面临巨大考验。

No.05
投保人、被保人、受益人关系要清楚

一份保险合同，除了保险人（即保险公司），还会涉及 3 个关系主体，即投保人、被保人和受益人。合同一旦成立，除了被保人，投保人和受益人都可以更改。

◆ **投保人**：即与保险人（保险公司）订立合同，并按照合同约定支付保费的人。

◆ **被保人**：就是被保障的人，投保人和被保人可以是同一人。

◆ **受益人**：分生存受益人和身故受益人，生存受益人就是活着的时候可以拿到钱的人，利益一般为重疾给付金、生存金、满期金、医疗报销金……生存受益人通常为被保人；身故受益人对应的利益是身价赔付金，即被保人身故后，获得保险金的人。身故受益人可以指定也可以法定，一般为被保人的配偶、子女和父母等。

老王给老婆黄女士买了一份重疾保险，指定身故受益人为孩子小王。在保险期间内，如果黄女士不幸发生合同约定的重大疾病，保险公司则将重疾赔付金赔给黄女士，黄女士则为这份保险的生存受益人；如果黄女士在没有赔付重疾的情况下身故了，保险公司则将身价保额赔给老王的孩子小王。所以在这个案例中，老王是投保人，黄女士是被保人和生存受益人，小王是身故受益人。

由于保险的身故受益人要在被保人身故的前提下才能获得利益，所以如果被保人年满 18 岁，受益人的更改或者指定都需要通过被保人的同意，且也不是想指定谁为受益人就指定谁，必须为血缘至亲。

现实中，有很多爷爷奶奶想给孙子孙女投保，如果孙子孙女在 10

周岁以前，爷爷奶奶是无法作为投保人直接给孙子孙女购买保险的。所以为了满足表达祖孙情的心愿，可以由爷爷奶奶给钱，孩子的爸爸或者妈妈作为投保人。当然，如果孩子年满 10 周岁，爷爷奶奶也可以直接当投保人。

保险加油站

在保险合同订立的过程中，默认的受益人为"法定"，但是为了避免将来产生经济纠纷，应在订立合同时由投保人和被保人共同商议指定受益人。如果被保人是未成年人，则由投保人决定。很多比较早期的保险合同可能会直接定成法定受益人。随着保险业的发展、保险代理人队伍的壮大和服务水平的提高，代理人都会检索自己所辖客户的受益人状态，如果是法定，则会通知投保人早日指定具体受益人。

No.06
保额与保费，永远矛盾的一对

保费，就是费用，即向保险公司缴纳的钱；保额，即买到的额度，发生约定风险或者到达约定时间，保险公司给予投保人或受益人的钱。

为什么说保额和保费是矛盾的一对呢？因为站在购买保险的人的立场上，我们永远希望保费越低越好，而保额越高越好，但事与愿违，它们是同升共涨的。

在保险公司的产品中，绝大多数产品都是可以根据用户的需求设置额度的，即可以根据自己的经济预算购买相应的额度。

一般在 50 岁以前，以保障型保险为例，即使平安交完所有保费，总保费一般也会低于保额或者与保额不相上下。而如果在缴费中途发生赔付，那么保额就比保费高出数十倍甚至百倍、千倍。

保费与保额的差距就是保险的杠杆作用

有的人在碰到保险代理人询问自己可承担的保费大概是多少的时候，总觉得越往低说越好，害怕说高了，代理人就不给自己推荐保费低的产品了。其实这种想法是错误的，所谓一分钱一分货，低价总有与低价相匹配的利益。要想买到关键时刻能解决问题的保险，就需要做出合理预算。

保费都是挤出来的

No.07
缴费时间越短越好、保障越久越好吗

一般保障型的保险缴费都在 10 年以上，通常设置的是 20 年或者 30 年，保障一般为终生。理财型的保险通常在 3 ~ 20 年不等，也可以更长。

对于缴费如此之长的保险，长期下来，也相当于供了一套房子，对很多家庭来讲都是有压力的。所以在购买保险时，很多人希望缴费时间短，早点把钱缴完就可以丢开一件事。

在保额不变的情况下，缴费时间越短，单次缴费则越高，当然总保费会越低。

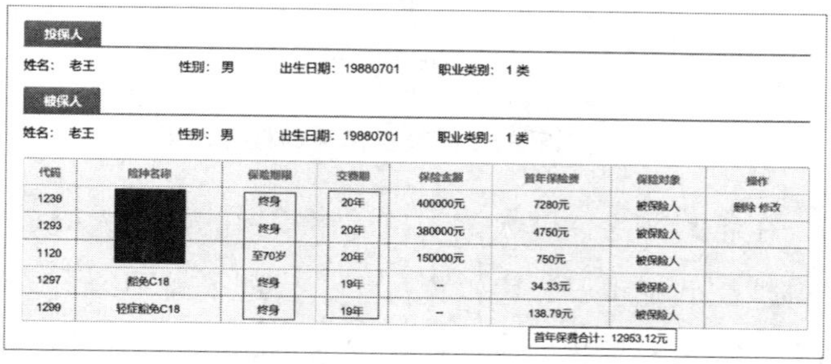

代码	险种名称	保险期限	交费期	保险金额	首年保险费	保险对象	操作
1239		终身	20年	400000元	7280元	被保险人	删除 修改
1293		终身	20年	380000元	4750元	被保险人	
1120		至70岁	20年	150000元	750元	被保险人	
1297	豁免C18	终身	19年	—	34.33元	被保险人	
1299	轻症豁免C18	终身	19年	—	138.79元	被保险人	

首年保费合计：12953.12元

缴费 20 年首年缴费 12 953. 12 元

在保障利益不变的情况下，把缴费期限改为 30 年，缴费情况如下图所示。

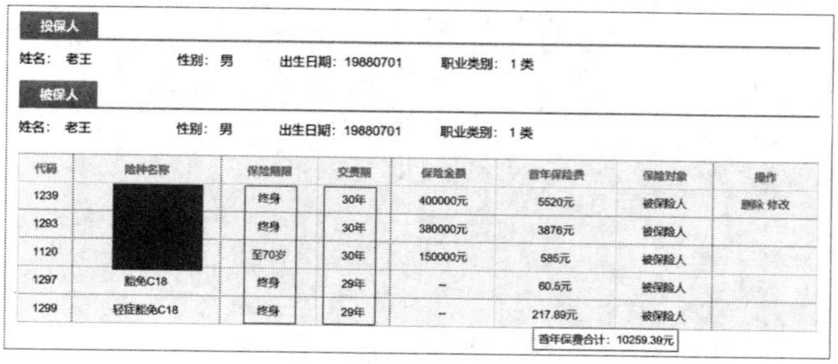

代码	险种名称	保险期限	交费期	保险金额	首年保险费	保险对象	操作
1239		终身	30年	400000元	5520元	被保险人	删除 修改
1293		终身	30年	380000元	3876元	被保险人	
1120		至70岁	30年	150000元	585元	被保险人	
1297	豁免C18	终身	29年	—	60.5元	被保险人	
1299	轻症豁免C18	终身	29年	—	217.89元	被保险人	

首年保费合计：10259.39元

缴费 30 年首年缴费 10 259. 39 元

初步比较，看着 20 年缴费的要划算一些，因为总保费规模要小一些，但这样的计算是有假设前提的，即被保人在缴费期间不会发生约定的风险。但这不是任何人都可以保证的，万一在缴费期间发生风险，比如在缴费的第 5 年发生重疾，这两个方案对比情况如下图所示。

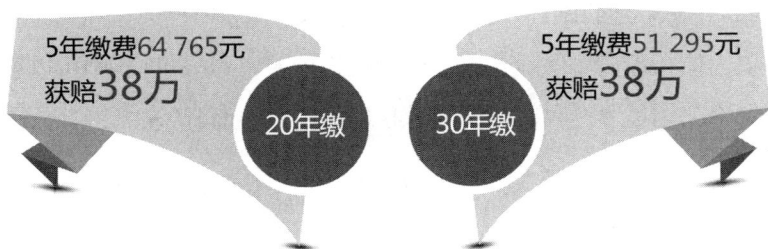

5年缴费64 765元
获赔38万
20年缴

30年缴
5年缴费51 295元
获赔38万

20 年缴费和 30 年缴费的杠杆作用对比

因此，在不同的缴费年限下，缴费时间越长，保险的杠杆作用越大，尤其是前 10 年。因此，在充分考虑家庭收入稳定性的情况下，可以选择较长时间的缴费，这样不但能充分以小博大，而且也能减轻每年的缴费压力。

除了缴费时间，还有一个重要的时间是保障时间，保障时间分终身、定期（到达一定年龄或者直接约定保多少年）、一年期甚至还有超短期，消费型的短期保险这里不做论述。如果是重疾保险，无论是成年人还是未成年人，保障时间越长越好，因为很难保证投保后身体不会发生健康状况，如果是定期重疾，到期后，因为身体不再是健康的，可能面临增加保费、责任除外或者拒保的情况。如果是身价险，成年人仍然首选保障终身的。如果是未成年人，因为他们并没有处于责任期，可以根据家庭经济情况，分阶段给未成年人规划。

No.08
保险公司是怎么赚钱的

很多人，尤其是网友在谈论到保险的时候，通常都是一边倒地吐槽保险公司"就知道收钱，结果出事后这也不赔那也不赔，纯粹是骗钱的。"先不说为什么人们对保险会有这样的认知偏差，只是从抱怨中可以看出，似乎保险公司是通过收取保费同时找理由不赔钱而赚钱的。

其实大错特错，保险公司的利润主要来源于 3 个方面：死差、利差和费差。

保险公司的利润来源

- ◆ **死差**：比如某产品设计时预期每 10 个人中有 7 个死亡，但结果只有 5 人死亡，那么少发生的两个人带来的死亡赔付成本的减少就是死差益。反之，则为死差损。

- ◆ **利差**：保险公司在对产品进行定价的时候，其中有一个重要因素是定价利率，比如 3.5%，但是收取的保费进行投资后实际获得 5% 的利率，那么多出的 1.5% 就是利差益。这是保险公司最大的利润来源。

◆ **费差**：保险公司经营和管理一款产品是需要经营费用的，如果预定经营费用是 50 万元，而实际因为优化管理节约支出，只花了 40 万元，那么多余的 10 万元就是费差益，反之则是费差损。保险公司在费差这一块儿通常处于"损"的状态。

保险加油站

保险公司的预定死亡发生率或重疾、意外发生率都是参照"第三套国民经验生命表"而确定的，第三套生命表在 2017 年 5 月启用。因此，当时的保险产品也经历了一轮新的调整。从大数据和长周期来看，死亡率、重疾发生率基本和预期的不会有太大差别，所以死差是赚不到多少钱的，费差也经常处于超支状态。因此，把巨大的保险资金拿去再投资而获取的收益才是保险公司的利润大头。

No.09
保险公司倒闭了怎么办

由于很多保险的保障期限动辄几十年甚至终生，很多人就会担心，这么长的时间，万一保险公司倒闭了怎么办？且不说赔钱，本钱能不能拿回来都是未知数。那么，保险公司会倒闭吗？

保险公司会倒闭吗？

《中华人民共和国保险法》第八十九条第二款规定："经营有人寿保险业务的保险公司，除因分立、合并或者依法撤销外，不得解散。"

因此，财产险公司可以申请破产，而寿险公司是不能申请破产的，只能被收购或者重组。财产险公司在破产之前也会对客户的权益进行转移或者清偿。那么，如果保险公司被分立、合并或者依法撤销，保单还能继续有效吗？

答案是肯定的，保险公司如果真的无以为继，会有其他保险公司对其进行并购。当然，如果没有保险公司愿意接下这个"烂摊子"，银保监会就会指定某家保险公司接手，接手后，原保险公司的有效保单依然有效。

银保监会对保险公司的偿付能力设置了多级预警机制，要求偿付能力要高于 150%，就算所有保单全部赔付出去，仍有 50% 的资产剩余。如果偿付能力低于 150%，最低要求也是 100%。

另外，我们国家还有一个保险保障基金公司，它是由中国银保监会、财政部和央行共同设立的。如果很不幸，某家保险公司真的落到破产的地步，保险保障基金将提供救助。

《保险保障基金管理办法》第二十一条规定："被依法撤销或者依法实施破产的保险公司的清算资产不足以偿付人寿保险合同保单利益的，保险保障基金可以按照下列规则向保单受让公司提供救助。"

◆ （一）保单持有人为个人的，救助金额以转让后保单利益不超过转让前保单利益的 90% 为限。

◆ （二）保单持有人为机构的，救助金额以转让后保单利益不超过转让前保单利益的 80% 为限。

综上，保险是可以放心购买的。

No.10
裸险、半险和全险，差别非常大

社会上充斥着"保险是骗人的"这样的舆论，原因就在于保险是有裸险、半险和全险之分的。

保障型保险大致有 8 种保障利益：身故、重疾、轻度重疾、意外伤残、意外医疗、住院报销、住院补贴和保费豁免。要想什么都管，必须买全险。早期的保险单有很多都是裸险，只管身故，不死不赔；还有只管两种责任的半险，即重疾和身故；而全险就是包含上面的多种责任甚至所有责任。

裸险	半险	全险
身故	身故 重疾	身故 重疾 轻度重疾 意外伤残 意外医疗 住院报销 住院补贴 豁免

保险有裸险、半险和全险之分

"投保容易理赔难"就是因为保单持有人对手里的保险的责任不清楚，或者是购买的是人情单，丝毫不知道这份保险到底保什么。一旦发生风险，就想起自己有份保险，结果并不属于保险责任范围，比如买了意外险，肯定无法得到重疾理赔，因此对保险公司产生强烈不满。由于风险是未知的，所以，买保险的时候，无论钱多钱少，尽量买全险。如果实在囊中羞涩，建议优先考虑少量额度的重疾险，然后附加一份消费型的高保额医疗险。

保险加油站

俗话说"好事不出门，坏事传千里"，保险公司每天赔付很多案件，出于对客户隐私的保护和被保人本身不太愿意让太多人知道自己得到了赔款等原因，保险公司和代理人一般不会大肆宣传。但是，只要有一例不赔，全国人民就都知道了，舆论也一边倒地同情弱者，类似的新闻也很少讲清楚真正不赔的原因，所以造成了人们对保险的诸多"误解"。

犹豫

保单 +

给谁买

组合 +

便宜

性价比

+ 服务

豁免

公司

打折 +

返佣

退保

+

第2章

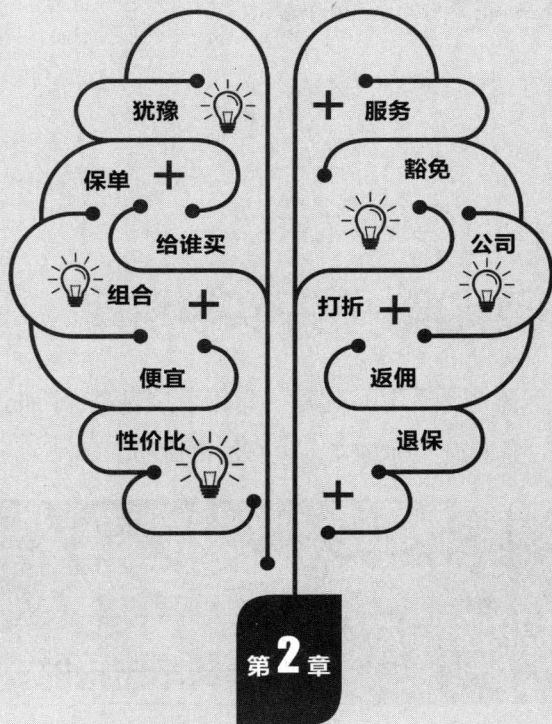

怎样选购家庭的第一份保险

　　很多人在意识到保险需求并开始考虑选购保险的时候，往往是一头雾水。首先对保险没有明确的概念，做不到"心中有数"；其次，市场上保险公司太多，保险产品更多，不同的保险代理人说法更不一样，使本就不懂的我们更加难以抉择。其实，买保险有一定的原则和方法，把握住这些将很容易买对保险。

No.11
破解"不要犹豫，越早买越划算"

"越早买保险越划算"，这是一句每个接触过保险的人应该都会听到的一句话，它既有实际意义，也有营销目的。

常见营销谈话技巧

越早买保险越划算，第一个划算主要指的是"价格便宜"。为什么呢？主要有两个原因。第一，从大数据来看，年轻人生病或者身故的概率相对较小；第二，从第 1 章我们了解到保险公司的主要利润来源于"利差"，投资盈利是需要时间的，也就是说，客户缴纳的保费在保险公司放置的时间越长，盈利就会越大。越年轻，从概率上讲，发生重疾或者身故赔付的时间越靠后。所以，"越早买保险越划算"。

投保人						
姓名：老王	性别：男	出生日期：19880501	职业类别：1类			
被保人						
姓名：老王	性别：男	出生日期：19880501	职业类别：1类			
代码	险种名称	保险期限	交费期	保险金额	当年保险费	保险对象	操作
1207	▆▆17	终身	20年	300000元	6450元	被保险人	删除 修改
1282	▆▆重疾18	终身	20年	300000元	3180元	被保险人	
					当年保费合计：9630元		

30 岁的老王购买保额 30 万元的某重疾险年交保费 9 630 元

投保人							
姓名：老王		性别：男	出生日期：19680501	职业类别：1类			
被保人							
姓名：老王		性别：男	出生日期：19680501	职业类别：1类			
代码	险种名称	保险期限	交费期	保险金额	首年保险费	保险对象	操作
1207	▇▇17	终身	20年	300000元	10470元	被保险人	删除 修改
1262	▇▇重疾18	终身	20年	300000元	6510元	被保险人	

首年保费合计：16980元

50 岁的老王购买保额 30 万元的某重疾险年交保费 16 980 元

保险加油站

保险的费用和购买年龄密切相关，年龄（出生年月日）以个人身份证号码为准，而且以整岁计算，也就是说，如果一个人的生日是"6 月 5 日"，那么在 6 月 4 日买保险和 6 月 5 日买保险，价格都是不一样的。

第二个"划算"，指的是一些保终身类的保险，既然都是保终身，早点买，保障的时间就越长，而且保费还便宜些，也就是杠杆作用更大，此为另一层面的"划算"。

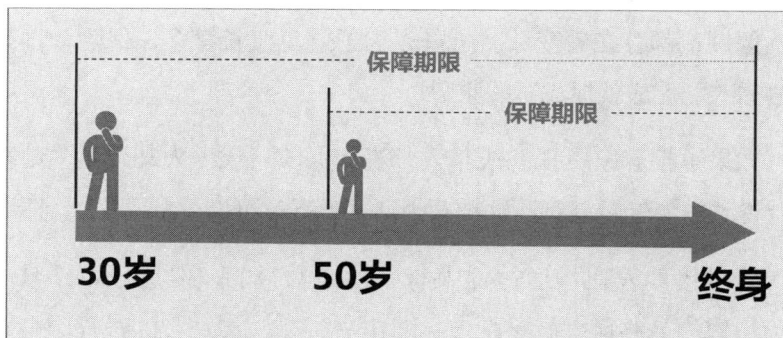

越早买保险，保障期限越长

第三个"划算"，其实不叫划算，应该叫"必要"，因为任何一款"非意外"类的保险，都有 30 ~ 360 天的等待期，这是为了降低保险公司承担的道德风险，防止带病投保。比如一般的住院医疗险的等待期为

30 天，重疾险的等待期少则 90 天，多则 180 天。等待期内出险，保险公司是不承担保险赔付责任的。由于风险到来的"不确定性"，所以，早买保险早生效，也就早安心。

等待期内出险，不承担保险责任

另外，"越早买保险越划算"这句话站在保险代理人的立场来讲，也是一种"营销目的"的表现。

从销售的过程来看，只要没有最后成交甚至就算成交后还没有度过犹豫期，都存在着变数。所以，为了避免夜长梦多，保险代理人都会遵循"能促成就促成"的原则。

如果承担养家责任的成年人都没有保险，代理人却建议先给孩子买，说"越年轻越划算"这种营销话语听听就可以了，不必太当真。

虽然代理人在沟通过程中有着营销的目的，但这也是正常的，因为销售的最终目的就是把产品卖出去，在一买一卖的过程中各取所需罢了。所以我们自己要清楚自己的需求，而不是去计较代理人的利益。

No.12

"人生 7 张保单"哪些值得拥有

安全，是每个人一生最大的需求，包括最初级的人身安全（这一点基本上已经满足），以及保险中所说的安全，即经济安全。但是人在不同阶段会有不同的财务需求，从单身到成家，从家庭形成期到家庭成熟期，从养老甚至到最后的财富传承，在这个过程中，有的经济风险可以用保险解决。

我们常常在网上或者朋友圈里面看到保险公司的营销软文，"人一生有 7 张保单不可或缺"，分别是哪 7 张呢?

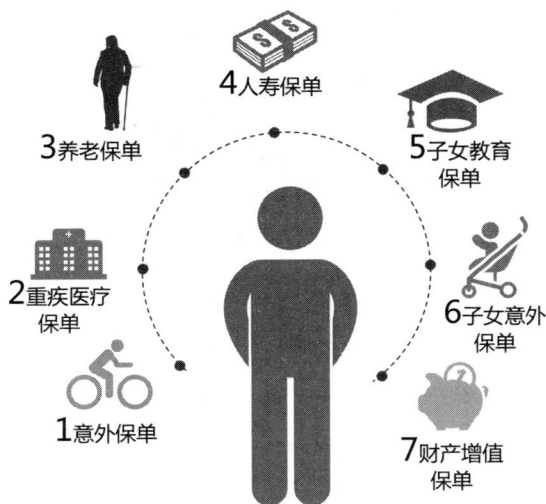

3 养老保单

4 人寿保单

5 子女教育保单

2 重疾医疗保单

1 意外保单

6 子女意外保单

7 财产增值保单

保险营销中的 7 张保单

这么多保单，如果都买齐的话，是不是保险合同都得专门找个柜子才能装下呀? 其实不然，下面我们来分析每张保单的必要性。

◆ **意外保单**：指的是单身期，22 ~ 30 岁之间，这个时期经济能力有限，还在创业打拼，没有承担主要家庭责任。在外拼搏万一发生意外，留下上了年纪的父母，老无所依。所以这个阶段购买意外保单，保的是父母的老年生活。在意外保单的基础上应该附加意外医疗或者小病医疗。

◆ **重疾医疗保单：**30岁左右，家庭初创期，收入一般，工作压力大，作息不规律，小心地规划着未来，害怕好不容易奋斗出来的小家庭因为一场重疾而陷入困境。而且由于食品、环境问题，大多数人都处于亚健康状态，重疾发病年龄也越来越低龄化，所以这个阶段是必须考虑重疾险的。

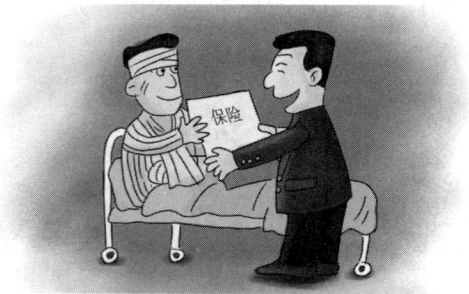

用保险转移疾病医疗风险

◆ **养老保单：**养老是刚需，习惯了高品质生活的我们如果不提早进行养老规划，老年生活可能会一落千丈。保险公司的养老型产品其实多为一些年金返还型产品。如果自己有很好的理财习惯，不一定要用保险来储备养老金。但是如果家庭情况复杂的、花钱没有规划的，可以考虑养老性质的保险。

◆ **人寿保单：**也就是以人的寿命为保险标的的保单，身故就赔，在家庭责任重大期，比如上有老下有小，还背负房贷、车贷的情况下，寿险保单很有必要，终身型的寿险保单费用较高，可以考虑一些定期类的寿险保单。

◆ **子女教育保单：**同养老保单一样，子女教育是需要提前准备的，但是准备的方式很多，比如投资基金、固定资产，保险只是其中一种方式，并非最好，但无论哪种方式，一定要做准备。

◆ **子女意外保单**：儿童好动，对什么都好奇，而且自我保护意识和危险意识较弱，可以为孩子购买意外医疗保单，或者包含意外医疗责任的住院医疗保单，至于意外身故，可以不必考虑。而且需要明白的是，意外险并不是可以防止意外的发生或者避免意外造成的伤害，而是保证在伤害发生后能进行治疗和补偿。所以，保护孩子免于发生意外才是最重要的。

保护孩子免于意外伤害

◆ **财产增值保单**：也称财产传承保单，可以用年金返还型的保险来达到传承的目的，也可以用以身故为赔偿条件的寿险保单来实现。最终目的就是降低家庭财务受其他经营风险的影响，同时把财产留给想给到的人。

所以，总结起来，保险营销中的 7 张保单中有 3 张保单确有必要，也一定要准备，那就是重疾、意外及医疗、寿险保单，其余的视家庭和个人情况而定。

在这个基础上，还有一张子女的重疾及医疗保单，因为大病低龄化越来越严重，虽然儿童生重病的治愈率较高，但是花费较大。

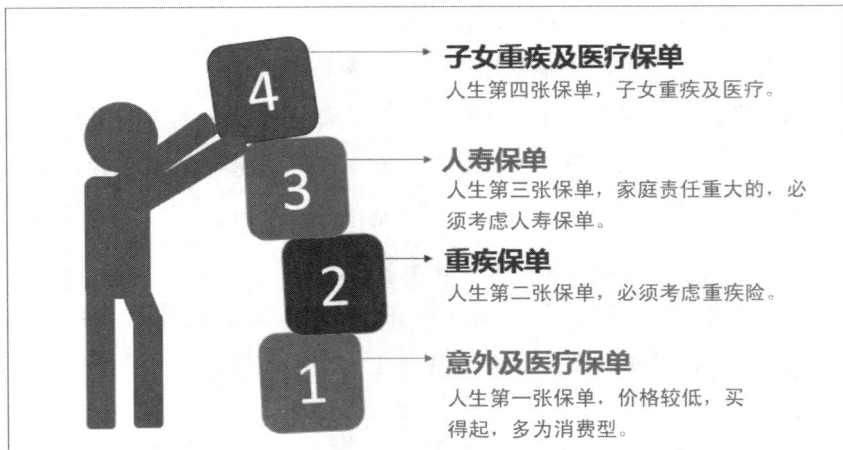

子女重疾及医疗保单
人生第四张保单，子女重疾及医疗。

人寿保单
人生第三张保单，家庭责任重大的，必须考虑人寿保单。

重疾保单
人生第二张保单，必须考虑重疾险。

意外及医疗保单
人生第一张保单，价格较低，买得起，多为消费型。

人生必备 4 张保单

这里所说的人生 4 张保单，分别对应不同的阶段，并不一定严格按照这个顺序购买。比如一个 35 岁的人刚开始考虑保险，那首先应该考虑重疾险或者一次性购买有多种利益的组合保险。

现在很多保险都是一个主险 + 多个附加险的形式，所以，一张保单也可以包含多种保险利益，同时解决多个问题，并不能以合同的份数来衡量保障是否齐全。

保险加油站

本节所挑选出来的 4 张保单，都为保障型保险，为什么呢？有句话叫"明天和意外，不知道哪个先来"，生老病死本是自然规律，总有一天会生病，但就是不知道"这一天"到底是什么时候，有可能是下一秒，也有可能是几十年后，我们无法预测，所以只能提前规划。在购买保障型保险的时候，不要总想着一缴费缴 20 年、30 年，30 年后生病，交的费用都差不多快赶上保额了，这种想法犯了一个概念性的错误，因为保障型保险保的是"现在"的安全，未来的每一天，包括下一刻，都是即将到来的"现在"。

No.13
买对人——优先给谁购买保险

要买保险了，家里几口人，人人都可能面临风险，任何一个人发生风险都会使家庭陷入经济危机中，想要一次性给所有成员买齐保险，缴费压力太大，那先给谁买呢？先来看看现实情况。

家庭成员都需要保障

孩子是父母的心头肉，总想着给孩子最好的。在购买保险这件事上，很多人也是感性大于理性，尤其是在城市里面，给孩子购买保险俨然已成时尚。所以，很多家庭的第一份保险是给孩子买的。

父母年迈，身体不好，随便住一次院，几个月工资就没有了，而且看着周遭有老人生病的家庭，不堪劳累。所以，为上了年纪的父母买保险也是很多人的选择。不过很可惜，这个时候很多父母受年龄限制是买不了保险的。

无论是先给孩子买还是先给老人买，解决的都是减轻家庭可能面临的"经济压力"的问题，而最根本的问题"失去收入"，并没有得到解决。

所以，买保险的时候，应首先考虑谁担负的家庭责任更重，也就是说谁出事对家庭的影响最大，那就优先给谁买。

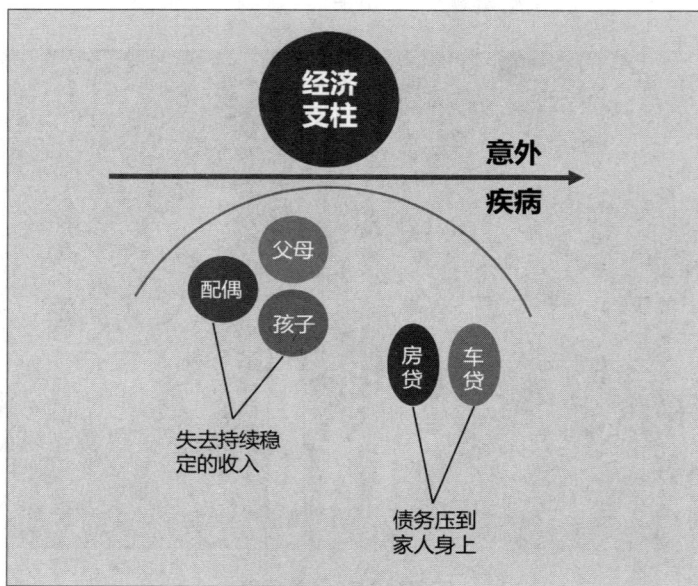

经济支柱面临风险对家庭的影响

每个家庭由于分工原因，都会有经济支柱，比如丈夫，在他的努力下，妻子、孩子、父母都生活得很稳定，甚至会有一个高品质的生活，因为他是全家人的保障。但是，人生中有两件事情无法预料，一个是疾病，一个是意外。当意外或者疾病不幸降临到他身上时，作为家人，失去的不仅仅是一个至亲，更是一份持续稳定的收入。如果同时家里还背负着房贷、车贷，那结果可想而知，别说保持以前的精致生活，就连维持生计都会成为困难。

所以，别让经济支柱"裸露"在风险中。

家庭结构

如上图所示，假如一个家庭中，夫妻双方都在挣钱养家，那怎么购买呢？当然是根据收入比例的不同为双方都购买保险了，如果老公收入多一点，就给老公的保额做高一点。同理，老婆收入高一点，就给老婆多买点保险。

所以，在给家庭成员买保险这件事情上，购买顺序如下图所示。

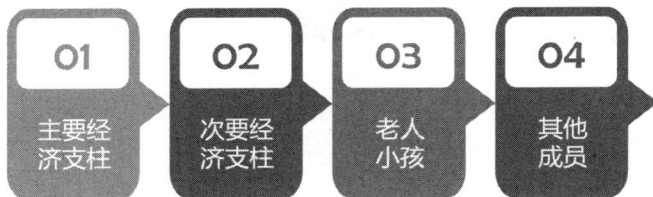

01	02	03	04
主要经济支柱	次要经济支柱	老人小孩	其他成员

家庭成员保险购买顺序

No.14
买合适的保额

保险并不像商店里面的实物商品那样，价格是确定的。同样的一款保险，有人一年交费一两千，而有的人却交几百万，这样天差地别的费用除了因为被保人年龄不同之外，最大的差别就是他们购买的"保额"不同。

我们知道，保额是一旦发生合同中约定的风险，保险公司会给我们钱，既然如此，当然越多越好，但是，想要赔得多，缴的费用也高。所以，保额不是单纯得越高越好，而是要分析现有家庭经济情况之后，在保额和保费之间找到平衡点。

为了易于操作，保险行业有一个简单的"双十原则"，即用年收入的 10% 购买年收入的 10 倍保额。比如一个年收入 10 万元的人，则可以拿出一万元的保费购买 100 万元的保额。

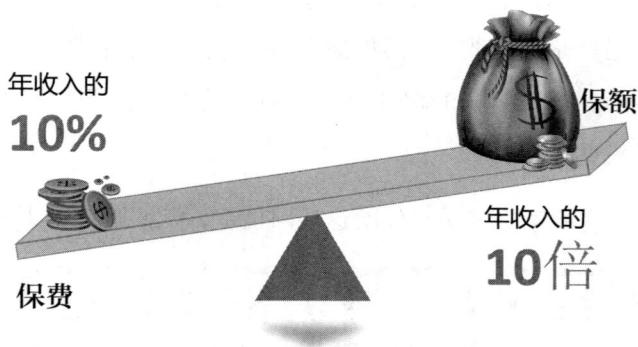

年收入的
10%
保费

$ 保额

年收入的
10倍

保险中的"双十原则"

除了"双十原则"，也可以用更加科学和精准的需求分析表来计算出应该购买的保额。

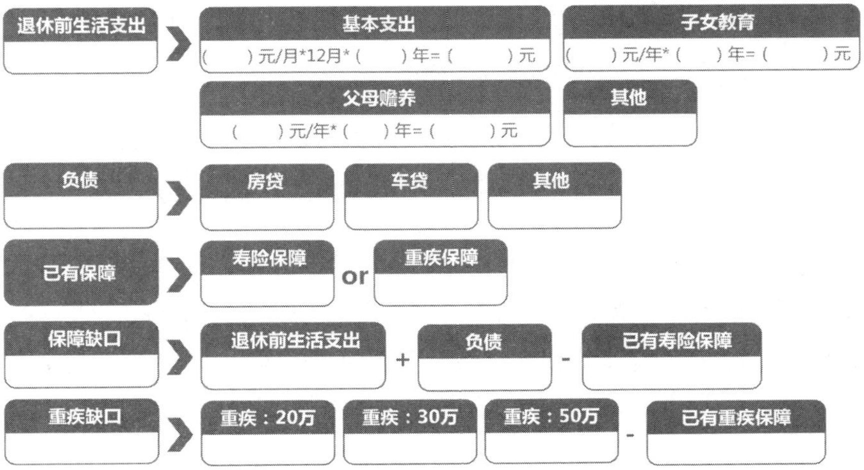

保额需求分析表

比如王某今年 30 岁，假定他 60 岁退休，目前他们家每个月的衣食住行基本生活费用大约为 4 000 元，暂时忽略通货膨胀的影响，那么到 60 岁的时候，基本生活支出为 4 000×12×30=144（万元）；孩子今年 4 岁，假定到 22 岁大学毕业，每年的教育支出约为 2 万元，那么还需准备 36 万元教育费用；父母孝敬费假设每年 1 万元，总共则需 30 万元，所以退休前的生活总支出为 144+36+30=210（万元）。

吓住了吧？还没完呢！

王某目前有一套房子还在按揭还款中，未还贷款还有 50 万元。王某目前没有任何寿险和重疾保障。

所以，王某需要准备 260 万元的身价保额，才能确保万一自己有一天不幸离去，家人现有的基本生活、孩子的教育以及父母的赡养不会受到太大影响，房子也不至于因还不起贷款而被处理，确保家人有安居之所。

保障缺口指的是身价保障，无论是疾病还是意外身故，都能够得到足额赔付的保障。而重疾缺口就比较简单，根据各个地方医疗水平的不同，选择一个能承担得起的保额即可。

但是问题来了，很多人不管是通过"双十原则"，还是通过保障需求分析表，现在能承担的保费都购买不起那么高的保额，该怎么办呢？

只能进行取舍，用有限的保费优先满足"重疾"需求，然后再用意外险拉高身价，并购买最少与房贷年限相等的定期寿险。这样的组合，虽然达不到理想状态，但是也能最大限度地转移风险，保障生活安稳。

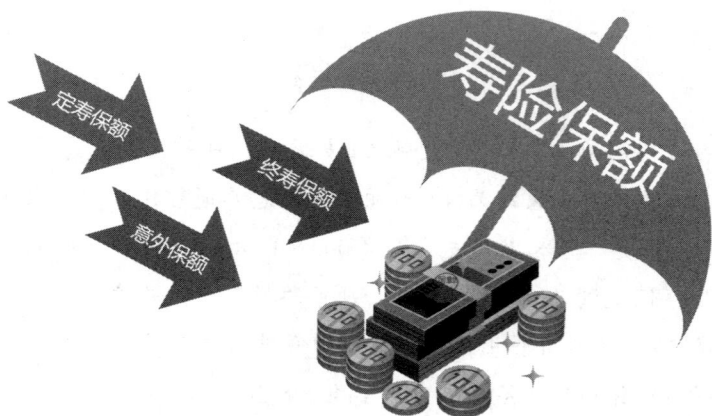

用组合险方式拉高身价保额

No.15
低收入群体怎么购买保险

保险，重在其无可替代的保障功用，对于高收入人群而言，本身抗风险能力较强，就算不买保险，也能经得起风雨。反而是越没钱的人越需要买保险。但是有的人要说了，"我不是不懂这个道理，可是我没钱啊"。是的，贫穷不仅限制了我们的想象力，更是限制了我们的购买力。但是在保险行业中，"四两拨千斤"是可以实现的。具体应该怎么配置呢？

（1）购买稍低的终身重疾保额

通常我们希望重疾保额买高点，至少三五十万，但是保终身的重疾险并不便宜，别说三五十万，有的人甚至连购买15万元的保额都吃力。那就适当买个 10 万元左右的，有胜于无。

投保人							
姓名：老王		性别：男	出生日期：19880501	职业类别：1 类			

被保人							
姓名：老王		性别：男	出生日期：19880501	职业类别：1 类			

代码	险种名称	保险期限	交费期	保险金额	首年保险费	保险对象	操作
1207	▓▓17	终身	20年	500000元	10750元	被保险人	删除 修改
1282	▓▓重疾18	终身	20年	500000元	5300元	被保险人	
					首年保费合计: 16050元		

面对保费，老王实在觉得伤不起

投保人							
姓名：老王		性别：男	出生日期：19880501	职业类别：1 类			

被保人							
姓名：老王		性别：男	出生日期：19880501	职业类别：1 类			

代码	险种名称	保险期限	交费组	保险金额	首年保险费	保险对象	操作
1207	▓▓17	终身	20年	100000元	2150元	被保险人	删除 修改
1282	▓▓重疾18	终身	20年	100000元	1060元	被保险人	
					首年保费合计: 3210元		

降低保额以便承担得起保费

但是对于一个重大疾病，10 万元保额哪儿够啊？所以，我们需要进行组合搭配。

（2）搭配高保额的住院医疗保险

生病后，尤其是大病，首先要解决的是治疗费，即交给医院的钱。重疾保额不够，用消费型的医疗险解决，比如买一个 50 万元或者 100 万元的消费型医疗险，一年几百元，住院就报，实乃居家保障必备之良药。

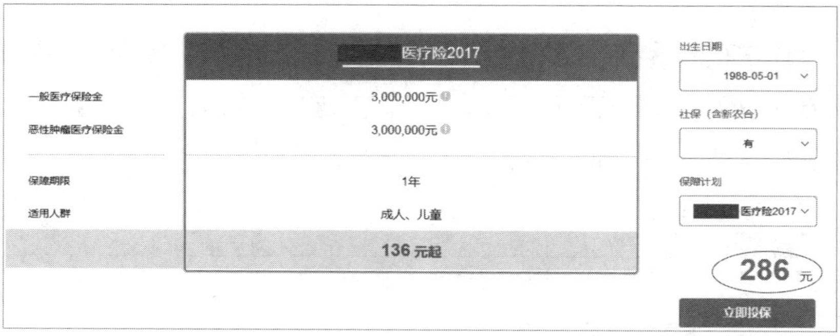

消费型医疗险

举个例子，以"重疾＋医疗"的组合购买后，某一年，老王不幸身患重疾，需要花费 50 万元，重疾先赔了 10 万元，自己东借西凑垫了 40 万元总算康复出院，出院后用医疗险报销了 49 万元，还了亲朋好友的借款和自己垫的钱，还剩 9 万元呢！这 9 万元可以用于后续的康复理疗、营养补助了。一场大病，保险让这个家免于遭受灭顶之灾。

如果经济稍微宽裕，可以附加住院补贴保险，住院期间每天可以补贴一点儿钱，比如 100 元或者 200 元，可以作为护工费或者后勤保障费，让生病后的生活质量更有保障。

（3）用意外和定寿应对身故风险

终身寿险是必然要产生赔付的，但是价格也较高。对于经济并不宽裕而且有房贷的人来讲，可以用意外和定寿来应对万一不幸离去后家人会陷入的债务危机。

投保人							
姓名: 老王		性别: 男	出生日期: 19880501	职业类别: 1 类			
被保人							
姓名: 老王		性别: 男	出生日期: 19880501	职业类别: 1 类			
代码	险种名称	保险期限	交费期	保险金额	首年保险费	保险对象	操作
1207	███████17	终身	20年	500000元	10750元	被保险人	删除 修改

首年保费合计: 10750元

老王购买 50 万元的某终身寿险首年需要缴费 10 750 元

为了免于家人陷入债务危机，可先考虑房贷还需要还 20 年这件事，万一自己不幸离世，家人可以立即有一笔钱把房贷还清。针对这个问题，可以用定寿解决。

投保人							
姓名: 老王		性别: 男	出生日期: 19880501	职业类别: 1 类			
被保人							
姓名: 老王		性别: 男	出生日期: 19880501	职业类别: 1 类			
代码	险种名称	保险期限	交费期	保险金额	首年保险费	保险对象	操作
74401	██████	20年	20年	500000元	1600元	被保险人	删除 修改

首年保费合计: 1600元

老王购买某保障 20 年保额 50 万元的定寿首年只需要缴费 1 600 元

同时，除了购买定寿，还可以购买额度稍微高点的意外险，拉高保额，而且保费也比较低。因为意外是偶然的，所以当它突然降临时才会让人措手不及，无力承担。

投保人							
姓名: 老王		性别: 男	出生日期: 19880501	职业类别: 1 类			
被保人							
姓名: 老王		性别: 男	出生日期: 19880501	职业类别: 1 类			
代码	险种名称	保险期限	交费期	保险金额	首年保险费	保险对象	操作
550	意外███	1年	1年	500000元	1150元	被保险人	删除 修改

首年保险费总计: 1150元

老王购买 50 万元保额的某意外险首年需要交费 1 150 元

通过这样的组合，可以在较长时间内拥有较高保额，花小钱解决大问题，生病不用愁，只要治得好，就能负担得起。万一不幸离开人世，还可以给家人留下50万~110万元的赔款，延续未尽完的责任。

No.16
附加豁免险，为保单加上"双保险"

豁免，意思就是免去。在保险里面，有针对被保人的豁免险，也有针对投保人甚至家人的豁免险。

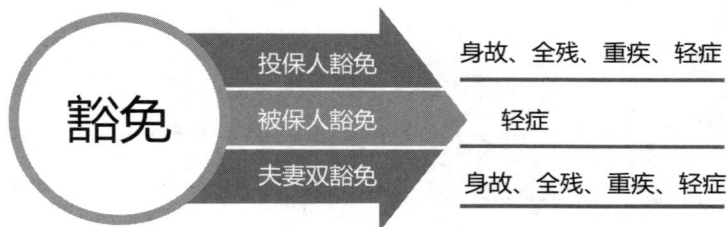

豁免险的种类

◆ **投保人豁免**：针对投保人和被保人非同一人的情况，比如妈妈给孩子投保，可以添加豁免投保人利益，在缴费期间内，投保人发生合同约定的重疾、全残、身故，抑或是轻症，可以免交孩子保险的剩余期缴保费。有的保险自带投保人豁免，大多数保险需要自行选择添加。而豁免的事由也不一定都包含了身故、全残、重疾和轻症4项利益，不同险种规则不同。

◆ **被保人豁免**：被保人豁免一般指轻症豁免，但是有的保险重疾赔付后，各项剩余利益可继续有效，此时也就享有了重疾豁免利益。

◆ **夫妻双豁免：**主要针对父母给孩子投保的保单，投保人若为父母双方任一人，除了可以添加投保人豁免，还可以把配偶也添加到豁免利益中，这样父母双方任何一方发生合同约定的轻症、重疾、全残或身故，那么孩子的保费则不用再交，而长期险的保障利益不变。

所以，豁免险的意义在于，当家庭发生风险时，可以免去保险缴费压力，免去后顾之忧。

一般来说，一款保障全面的保险都是"长险 + 短险"的组合，长险一般是保终身或者保一定年限，而短险一般为附加的消费型保险，交一年保一年。所以，豁免险所豁免的保费并不是整单合同的保费，豁免的是保障期限超过一年的长期险所对应的保费。而短期险本身就是交一年保一年，不存在豁免。

您投保的保险产品计划

产品名称	基本保险金额/份数	保险期间	首年保险费	交费年期
终身寿险	410000元	终身	3280.00	20年
提前给付重大疾病保险				
提前给付重大疾病保险（基本） 可豁免	400000元	终身	2800.00	20年
定期寿险	200000元	至25岁	140.00	20年
长期意外伤害保险	150000元	至70岁	555.00	20年
豁免保险费疾病保险	--	终身	77.37	19年
附加豁免保险费（C18）重大疾病保险	--	终身	9.99	19年
附加住院费用医疗保险（B）	2份	1年	1117.50	1年
附加住院日额医疗保险(2007)	10份	1年	500.00	1年
附加豁免保险费（B18）重大疾病保险	--	终身	452.37	19年
附加轻症豁免保险费（B18）疾病保险	--	终身	73.58	19年
附加豁免保险费（B18）重大疾病保险	--	终身	371.22	19年

首年保险费总计：9377.03元

豁免险豁免的是保障期限超过一年的长期险

以上图为例，该保险方案含有被保人轻症、重疾豁免，投保人（爸爸）轻症、重疾或身故豁免，投保人配偶（妈妈）重疾、身故豁免，而针对被保人本身的保险责任就是框选的项目。但需注意，只要本合同中任意一个发生了豁免事宜，其他所有人的豁免险就都不存在了。

* 保费豁免：		
给付原因及标准		可豁免的保费
投保人发生如下情形，可以免交豁免险保险期间内剩余的各期应交保险费。身故、因意外伤害导致全残或因意外伤害经医院确诊初次发生"重大疾病"；等待期（30日）后，因疾病导致全残；等待期（90日）后，因疾病经医院确诊初次发生"重大疾病"。		6775元
被保险人发生如下情形，可以免交豁免险保险期间内剩余的各期应交保险费。因意外伤害经医院确诊初次发生"重大疾病"；等待期（90日）后，因疾病经医院确诊初次发生"重大疾病"。		775元
被保险人发生如下情形，可以免交豁免险保险期间内剩余的各期应交保险费。因意外伤害经医院确诊初次发生"█特定重疾"或"特定轻度重疾"；等待期（90日）后，因疾病经医院确诊初次发生"█特定重疾"或"特定轻度重疾"。		6775元
投保人发生如下情形，可以免交豁免险保险期间内剩余的各期应交保险费。等待期（90日）后，经医院确诊初次发生"特定轻度重疾"		6775元

不同对象发生风险后可豁免的保费

从该方案的官方解释中可以得知，假如投保人发生了豁免险所约定的条款，那么能够豁免的保费是 6 775 元，也就是该方案前面 4 项的保费，即 3 280+2 800+140+555=6 775（元），而对于另外两项附加的医疗险责任，由于是消费型的短期险，则不可豁免。但至于附加的医疗险是否能继续缴费，每个公司、每个保险方案都会有所不同。

豁免险越齐全，越能最大限度地保障家庭经济安全。但是天下没有免费的午餐，豁免险也是要收费的，市场上有的保险自带投保人豁免，但这项成本是算在总保费里面的。而且豁免险的费用与保险方案的保额、豁免对象的年龄、性别、职业等都有很大关系。所以在投保的时候，可根据家庭经济情况和人员身体素质情况考虑如何添加。

豁免险利益听起来挺吸引人的，但是豁免的范围要看清楚，比如有的险种自带豁免，但是豁免的范围是投保人身故或者全残，而并没有重疾或者轻症豁免，不要被所谓的"优惠"给蒙蔽了，在购买保险的时候要看清楚责任条款。

具体哪些情况下适合添加豁免险呢？总结如下。

◆ **父母给孩子投保：**可以考虑把双方都加入豁免对象中，这样一张保单保全家，而且少儿类的豁免险豁免范围要广泛一些。

◆ **年轻夫妻**：感情稳定、经济压力较大的年轻夫妻如果买保险，可以互相作为投保人，老公给老婆投保，老婆给老公投保，都添加豁免投保人利益。如此一来，夫妻双方任何一方发生约定风险，两张保单的保费都免了。

◆ **自己给自己投保**：如果投保人和被保人属于同一人，则绝大多数险种是自动或者必须添加豁免险的，称为"豁免 C"。

◆ **投保人是经济支柱**：比如老公给老婆投保，老公是经济支柱，可以添加投保人豁免，以防收入中断而交不出保费。

No.17
保险产品哪家强

买保险的时候，各家公司说法不一样，有的说"买大公司的，大公司实力强，服务好""买便宜的，反正保险看起来都差不多""我也不知道买什么，经不住亲戚三番五次地叫我买，我就买了"……。人人都想买到最实惠、最好的产品，这是很正常的心理，结果是货比三家后把自己给比晕了，而且其中可能还掺杂着人情因素，根本不知道如何选择。

常见的保险公司（排名不分先后）

（1）考虑保险责任

首先，在选择保险公司和保险产品这件事情上，我们必须明确一个道理："没有最好的产品，只有最合适的产品"。只要觉得这款产品的保障责任符合自己的需求，价格也在能接受的范围内，再考虑公司实力。简单来讲，可以简单地给自己关注的关键词进行排名，比如：

性价比　服务　品牌

保险产品关键字

此处的性价比并不简简单单地指保额、疾病种类、保障范围和价格等。更重要的是指保险责任，明确哪些是除外责任，以及赔付的条件严苛与否、附加险的保障期限是否足够长，甚至保险的等待期等都需要一并考虑。绝大多数人通常只清楚保额有多少、保了多少种病、可以赔几次以及要交多少钱等，结果一发生保险事故，才发现条款中列了很多标准和除外责任，顿时傻眼，感觉保险是"骗人的"。

性价比需要综合考虑多种因素

（2）找专业的保险代理人

保险公司利用代理人团队有规模优势，现在人人身边都有几个卖保险的，所以存在很多人情单。但是从客观利益出发，买保险应该找专业的代理人，因为他们更懂保险责任，更加知道如何站在客户的立场进行险种搭配，以及在后期的服务中也会根据客户的家庭结构变化而提出合理的调整方案。从长期来讲，专业的保险代理人业绩一般也比较好，容易在保险行业持续做下去，所以也可以降低自己的保单因为代理人流失而成为孤儿保单的风险。

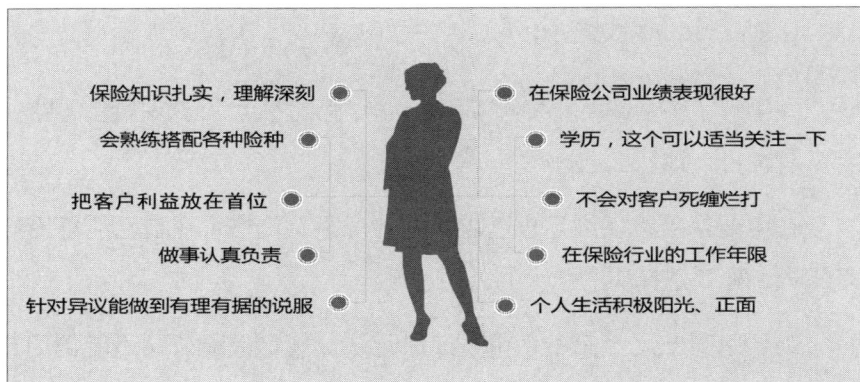

- 保险知识扎实，理解深刻
- 会熟练搭配各种险种
- 把客户利益放在首位
- 做事认真负责
- 针对异议能做到有理有据的说服
- 在保险公司业绩表现很好
- 学历，这个可以适当关注一下
- 不会对客户死缠烂打
- 在保险行业的工作年限
- 个人生活积极阳光、正面

专业保险代理人的特点

现实情况是很多人选择代理人不是因为他的专业程度，而是因为架不住人情面子，或者被代理人给的小恩小惠吸引，这是很不理智的行为，也是不利于保险行业健康发展的行为，很有可能因小失大、得不偿失。因为买保险不是一锤子买卖，而是服务的开始，可能在以后漫长的一生中都要和保险公司以及保险代理人打交道，如果真到了因为条款不明确或者产品不合适而产生纠纷的时候，人情、小恩小惠都不管用了，最终受伤的只是我们自己。

保险加油站

虽然现在保险代理人遍地都是，但是有的人身边就是没有认识的卖保险的人，或者有的人不想在认识的人那里买保险，而是直接到保险公司去，或者直接打保险公司的服务电话，然后顺理成章地在一个工作人员那里买了保险。但是这样就绕开代理人了吗？不是的，主动上门的客户一般有两种分派结果，一是保险公司内部根据某种分配标准派给某个代理人；二是有代理人刚好在公司，而且他慧眼识客户，还主动接待了你，然后你们之间的故事就开始了。当然，不同的保险公司针对不同的客户来源可能会有不同分派制度。

（3）关注一下公司实力

在了解了多个产品和接触了不同的代理人之后，几款保险都不错，都各有优劣，该怎么选择呢？

在主要保险责任满足自己需求的情况下，价格也在自己能承受的范围内，建议选择实力强大的公司。

为什么呢？反正第 1 章说了《保险法》规定保险公司不能倒闭，所以公司强不强有什么区别呢？

当然有，任何条款背后的终极执行者都是人，人具有主观的不确定因素，所谓实力强的公司，说白了，就是有钱的公司。一般有钱的公司才更有可能建立持续良好的内部管理制度和外部服务体系。一单理赔对于经济实力稍差一点的公司而言就是实实在在地赔钱，而对于经济实力强大的公司，可能只觉得是一份需要处理的文件而已。况且有的保险风险除了刚性的指标和结果定性，还有主观的勘查人员的人为判定，所以这其中可能就有"尽量给客户寻找能赔的理由"和"尽量寻找不赔的理由"的不同标准，个中差异，一看便明。

对于分红型保险和理财型保险，它们与保险公司的盈利情况紧密相连，所以要买这类保险无疑应该选择实力雄厚的公司更具优势。

No.18
保险能打折促销吗

保险也是一种商品，无形的商品。大到买房买车，小到商店里的日用百货都有搞活动促销的时候。那么，保险产品会打折或者赠送礼品吗？

想打折的时候买保险

（1）保险产品不会打折

保险产品是特殊的金融产品，保费是根据年龄、职业类别、性别、死亡率、费用率和预定利率等计算出来的。因此，一款保险产品的保费是统一的，不管是保险代理人、保险经纪公司，还是银保、互联网渠道，只要是同一个投保人、同一款产品、同样的保额，那么保费就是一分不差的。

当然，现实中仍然有代理人给客户所谓的"折扣"，其实就是"返佣"，也就是代理人把自己的业绩对应能得到的佣金全部或者部分返还给客户，以达到折扣的效果。

在《保险代理人管理规定》第 58 条第一款规定"保险代理人从事保险代理业务，不得有擅自变更保险条款，提高或降低保险费率的行为"。返佣也就是降低费率。

保险代理人的收入基本全靠销售业绩，而且竞争大，促成客户成交并不容易，因此基本没有任何代理人想主动返佣，如果代理人主动献出"返佣"利益，那么很可能他是出于公司业绩考核而忍痛割利。这样的代理人一般业绩都做得不好，"返佣"也绝不是他的偶然行为，本来业绩就不好，还返佣，长时间没有收入，也基本不会在岗位上留存太长时间。

而且，保险代理人的佣金提成只是首年较高，基本 20% ～ 35% 不等，不同公司、不同产品有差异，第 2 ～ 5 年的佣金比例很少。所以假设一单保险缴费 20 年，每年 5 000 元保费，从总保费规模来看，5 年总提成在 3 000 ～ 5 000 元之间，也就是 3% ～ 5%，对于销售工作来讲，这个比例并不高。况且绝大多数代理人在保险公司的留存率都在一年以下，也就是与续期佣金基本无缘。

那么，返佣有没有危害呢？答案是肯定的。

第一，对于客户来讲，看似得到了暂时的优惠，但是"返佣"的代理人通常并不专业，可能推荐给你的产品并不合适或者并没有把条款讲清楚，这样客户买到的和自己以为的产品很有可能有一定差距。另外，前面也说了，"返佣"的代理人一般在保险公司待得并不长久，所以其名下的客户很有可能沦为"孤儿保单"。再者，俗话说："只有永远的利益，没有永远的朋友"，代理人都没挣你的钱，何来动力给你做长期的高质量服务呢？

而且在欧美、中国香港等保险发展历史较为长久的地方，保险公司还可能直接将"返佣"的保单作废。当然，大陆目前还没有这样严重的后果。但随着保险行业的健康发展，以后对这些方面也会有所规范。

第二，对于代理人来讲，危害就更多了，收入没有了不说，更严重的是，公司一旦知晓，还会扣品质分，严重的还可能取消代理资格，甚至禁止再次进入保险行业。

（2）买保险不会送礼

虽然保险公司为了激励代理人提高业绩，会在不同时间段制定各种激励方案，比如实物奖励、旅游奖励、购物卡或兑换券等，但这些都是奖励给代理人的，不是给客户的。也就是说，客户买保险本身是不会得到赠品的。只不过客户迟迟不做决定，代理人为了促成交易，可能会用这些奖励来吸引客户而已，并不是保险公司送给客户的。目前这种做法比较多，但应严守合规经营底线。

No.19
中途退保，能退多少钱

基本上每个人在买保险的时候都会关注这个问题，万一以后自己不想继续缴费了，或者因为自身原因缴不起费了，又或者即使费用缴满了，后面想退保的话，能退多少钱呢？保费亏不亏呢？

首先，退保分两种，犹豫期内的退保和犹豫期之后退保。

（1）犹豫期内的退保

因为保险产品，尤其是保障期限较长的产品，涉及的条款内容较多、保险费用较高且缴费期限较长，客户都需要考虑清楚，并和家人商量。为了维护客户利益，所以在签订合同后，都会给客户 10 ～ 20 天的犹豫期，如果犹豫期内反悔，是可以全额退还保费的，有的公司可能会收取 10 ～ 20 元不等的工本费。

5.1 犹豫期	自您签收本主险合同次日起，有 20 日的犹豫期。在此期间请您认真审视本主险合同，如果您认为本主险合同与您的需求不相符，您可以在此期间提出解除本主险合同，我们将无息退还您所支付的全部保险费。 解除本主险合同时，您需要填写申请书，并提供您的保险合同及有效身份证件。自我们收到您解除合同的书面申请时起，本主险合同即被解除，合同解除前发生的保险事故我们不承担保险责任。
1.4 犹豫期	自您签收本主险合同之日起，有 10 日的犹豫期。 在此期间请您认真审视本主险合同，如果您认为本主险合同与您的需求不相符，您可以在此期间提出解除本主险合同，我们扣除不超过人民币 10 元的合同工本费后无息退还您所交纳的本主险合同对应的保险费。 犹豫期内解除本主险合同时，您需要填写解除合同申请书，并提供您的保险合同及有效身份证件（见 9.2）。*自我们收到您解除合同的书面申请时起，本主险合同即被解除，对于合同解除前发生的保险事故，我们不承担保险责任。*

一般合同中关于犹豫期退保的规定

犹豫期的起算时间是从签收回执的第二天算起，有的保险公司没有拿到纸质合同的时候会让客户签收一个电子版合同，那么签收电子合同的第二天就是犹豫期的第一天。犹豫期内是包含节假日的，所以如果确实投保后有待考虑，需要抓紧时间看合同。

（2）犹豫期后退保

犹豫期之后退保又称正常退保，退还的是合同的现金价值，现金价值一般前期都很少，随着被保人的生命存续而增值。

先说说现金价值是什么，都知道保险费率是和保险风险发生的概率呈正相关的，也就是说风险发生的概率高，保险费率则高；发生的概率低，保险费率则低。套用到保险产品上来讲，一个年轻人死亡的概率很低，那么当年交的费用就低，到年老时，死亡的风险逐渐上升，甚至接近100%，那个时候的保费也是最高的，甚至不能承受。因此保险公司就采用"均衡费率"的方式，也就是说通过一定的算法把投保人需要缴纳的总保费在缴费期内均摊，这样每年缴纳的保费都是相同的。

被保人年轻的时候，缴纳的保费肯定大于实际需要的保费，这样多出来的保费就由保险公司存着，而且会产生利息，每年复利滚存，这就是现金价值。年老时缴纳的保费低于实际需要的保费，此时则由年轻时多缴纳的部分连同利息予以抵扣。

现金价值在哪里看呢？合同中会注明，在买保险之前，代理人做的电子方案中基本上也会注明。

电子方案中关于现金价值的演示

　　所以，知道了现金价值是怎么回事就不难明白，如果一个年轻人买保险，在足够长的时间后，比如七八十岁，退保时的现金价值很有可能是高于所交的保费的。也就是说，一个年长的人买保险，即使 90 岁退保，也很有可能存在保费亏损。当然，如果在较短的时间内退保，那么退出的钱将会更少。

　　何时退保保费不会亏损呢？（不考虑通货膨胀），不同的方案，不同的购买年龄都会影响退保时机的选择，在投保前可以看一下。

某保险方案，20 岁购买，53 岁退保可返本；40 岁购买，78 岁退保可返本

　　不管是年轻时买的保险，还是年老时买的保险，尤其是保终身的保险，只要退保，基本上都不划算，所以，买时就要想清楚，不要轻易退保。现实中有很多听信他人之言，在退保后发生风险而追悔莫及的案例。

重疾

分类 +

治疗费

康复费 +

收入

提前

给付

种类

癌症

赔付 +

告知

诚信

第 **3** 章

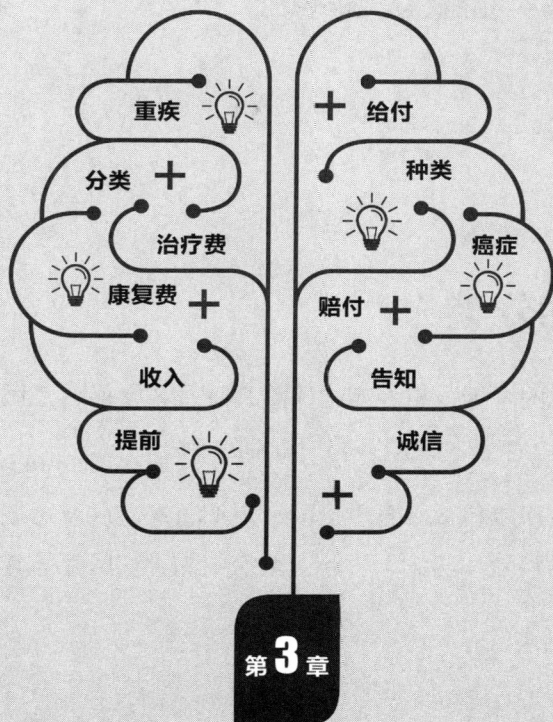

重疾险，为生命撑起保护伞

　　重疾，生命中不能承受之重，从天而降，猝不及防，让无数家庭因病返贫，风雨飘摇。所以，很多人买保险首先都会想到买重大疾病保险，但是重疾险也有很多需要了解的知识和遵循的原则，本章教你如何购买一份合适的重疾保险。

No.20
重疾险的分类

癌症肆虐的今天，重大疾病保险几乎是各家保险公司卖得最多的保险，也是近年来被越来越多客户重视的保险。

常见的重疾险包括终身重疾险、定期重疾险以及短期重疾险，另外一些特定重疾险和防癌险、社会医疗中的大病医保等其实也属于重疾险范畴。

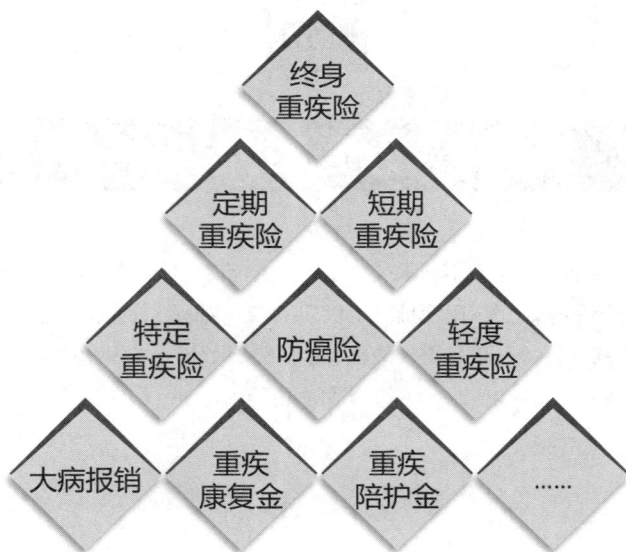

终身
重疾险

定期
重疾险　　短期
重疾险

特定
重疾险　　防癌险　　轻度
重疾险

大病报销　　重疾
康复金　　重疾
陪护金　　……

根据险种类别划分重疾险

◆ **终身重疾险**：最常见的重疾险的保障期限为终身，一般缴费
　10 ~ 30 年不等，终身重疾险通常同时含有身价责任。也就是

说有病赔钱，无病……，身故后留钱给受益人。

◆ **定期重疾险**：保障期限是固定的，非终身，比如 20 年、30 年，或保至 60 岁、80 岁等，可以自己选择。定期重疾险价格比较便宜，而且保障期满如果没有发生重疾赔付，通常返本或者超额返本。

◆ **短期重疾险**：保障期限为一年甚至更短，价格非常便宜，通常为消费型。

◆ **特定重疾险**：重疾里面的细化分类，比如不同性别高发的几种重疾，或者小孩高发的重疾等，可提升高发重疾的保障力度。

◆ **防癌险**：顾名思义，发生癌症则进行赔付的保险，癌症是最高发的重疾，所以防癌险也很受人们重视。

◆ **轻度重疾险**：基本没有专门的轻度重疾险销售，轻度重疾一般包含在重大疾病险的保障责任中，轻度重疾的病情没有达到重疾的程度，或者一般不会危及生命，但是本身也会对健康造成巨大影响，轻度重疾的保额通常为重疾保额的特定比例，比如 20%、30% 等。

◆ **大病报销险**：社保中的"城乡居民大病保险"以及商业保险中的针对大病给予报销的医疗险都属于大病报销险，这类保险也属于消费型，出院后进行报销，有一定报销比例。费用非常便宜，基本上人人都消费得起。

◆ **重疾康复金、重疾陪护金**：属于重疾险的延伸利益，发生重疾后，生存满一定期限，可以得到一定额度的康复金，或者相关被保人得到陪护金。

无论重疾保险如何划分，从赔付方式上来看，可以分为两类，即给付型和报销型。保险公司主推的、销售最为普遍的大病保险属于给付型，报销型的重疾险很多是与报销型住院保险合二为一的。

给付型重疾险	报销型重疾险
● 终身重疾险　● 轻度重疾险 ● 定期重疾险　● 重疾康复金 ● 短期重疾险　● 重疾陪护金 ● 特定重疾险　● …… ● 防癌险	● 大病报销险 ● 住院医疗 ● ……

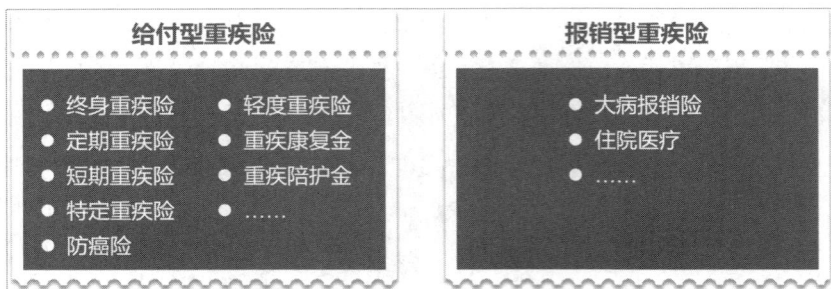

重疾险可分为给付型和报销型两大类

◆ **给付型重疾险**：这类保险有储蓄型和消费型两大类，一般终身型的重疾险都属于储蓄型给付重疾险，短期重疾险一般属于消费型。无论是储蓄型还是消费型，给付的意思都一样，即发生合同约定的重大疾病，就按合同约定的额度给付重疾保险金，给付的金额在购买时就已确定，与重疾实际需要的治疗费无关，买多少赔多少。例如买的 20 万元重疾保险，发生重疾，则给付 20 万元，无论治疗该重疾是花了 10 万元还是 50 万元，抑或是放弃治疗都无关，只跟购买的额度有关。

◆ **报销型重疾险**：报销，也就是出院之后凭发票及住院凭证和其他手续对住院期间的医疗费用给予报销，报销发生在阶段性的治疗并出院之后。报销型重疾险和报销型医疗险一样，一般都遵循补偿性原则，即报销的总费用不会高于实际花费的费用。

从上面的解释不难看出，如果一个人购买了不同保险公司的多份给付型重疾险，一旦发生合同约定的重大疾病，多家保险公司都会理赔，因为给付型重疾险是买多少赔多少，保单之间没有影响。而报销型的重疾险因为遵循的是补偿性原则，所以如果购买了多家保险公司的多份报销型医疗险，是不能重复报销的，只有逐家报销符合条款约定的未报销部分，总的报销费用加起来不会超过实际花费。因此，报销型医疗险上限额度只要足够，就不要重复购买了。

No.21

发生重疾后，会产生哪些费用

一说到重大疾病，人们首先会想到严重的病情和高昂的治疗费用，尤其是对于普通家庭而言，如果经济上难以支撑重疾病人的长期治疗，随着医疗费用压力的增大，家人对钱的关心有可能会高于对病人病情的关心。重疾是因病致贫的罪魁祸首。因此，了解清楚治疗重疾期间一般会产生哪些费用，有助于科学合理地配置自己的重疾保险。

任何一场重疾，都会产生至少 3 笔费用。

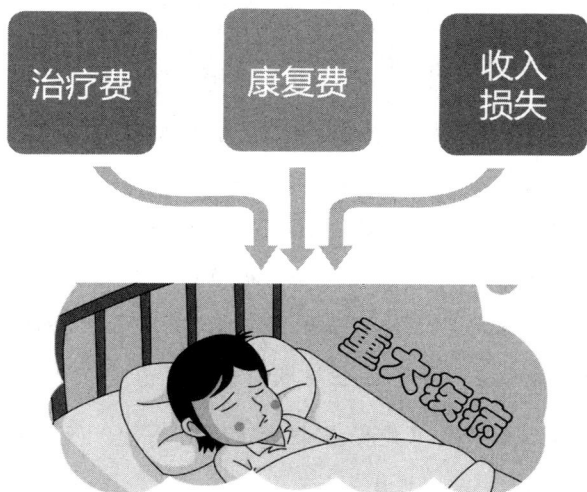

发生重疾后必然会产生的 3 笔费用

第一笔费用可以称为直接费用，因为是生病后首要的、看得见且预见得到的支出，第二笔和第三笔费用称为间接费用，被重疾长期"压榨"，不可预估，很多时候甚至比第一笔费用还要巨大得多。

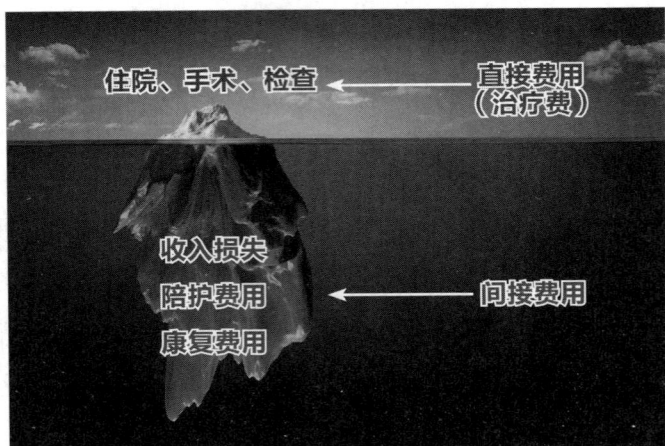

重疾险的 3 笔费用犹如冰山理论

下面通过两个真实的故事来讲解 3 笔费用如何产生的。

案例一，苏女士，42 岁，育有一儿一女，儿子上大学，女儿高三，丈夫在一家待遇很不错的公司上班，算得上名副其实的中产阶级，而苏女士是全职太太。很不幸的是，苏女士因为大腿偶尔痛麻，在本地医院检查后又转往省一级医院检查，被确诊为"骨癌"，陪同检查的丈夫和苏女士一番挣扎、痛哭和心碎之后选择积极面对，因为治疗的必要，苏女士被截去一条腿，住院期间总共花费 15 万元。

出院之后，为了尽可能提高未来的生活质量，两夫妻去了一家假肢康复中心，一待就是 3 个月，花了接近 10 万元，包括购买假肢的费用、穿戴假肢的康复训练费用以及营养食宿费等。治疗＋康复总共花了近 4 个月时间，丈夫一直陪伴照顾，一开始丈夫是请假，但是任何一家公司都无法接受员工长达几个月的事假，为了全权照顾苏女士，丈夫果断辞职，这期间还面临着准备高考升学的女儿的大学学费和儿子的大学学费等。在假肢康复中心完成阶段性的康复训练之后回到家，苏女士变得非常抑郁，儿女读书不能回家照顾，丈夫因此也无法重新找工作，只有在家照顾，而且苏女士每天还需要吃药、保健品、营养餐等。

所幸通过一家人的努力，苏女士身体和心理都恢复得很好，现在一家人又恢复了往日的面貌和经济能力，苏女士一家人也更加珍惜彼此。当然，也深刻体会到面对疾病，家境尚算不错的苏女士一家都得艰难支撑，何况经济一般的家庭。所以，后来的他们，为家里能买保险的人都购买了足额的保险。

上述案例中的苏女士及其家人在与重疾抗争的过程中，因为治疗疾病而住院期间的所有药品费、手术费和检查费等都属于治疗费，约 15 万元；出院后到假肢康复中心居住 3 个月，这期间的花费属于康复费，约 10 万元；丈夫辞职专门照顾苏女士，以及后面无限期待业照顾苏女士而损失的收入也是一笔不小的数目，且不说这期间他们辗转各地求医问诊以及子女上学的花费，都是必需的支出。

苏女士的案例中的康复费用是非常直接而明显的，而对于有的重疾，出院后可能需要终身吃药，或者是定期、规律地复查，抑或是长期不能从事有压力的工作且需要保健品提供精细化营养，这些花费虽然不会像治疗费那样"骤雨倾盆"，但长时间的"淅淅沥沥"，也会让家庭不堪重负。

有的人可能会想，收入损失为什么要算在其中呢？特殊时期特殊处理，暂时没有收入也不是什么大不了的事情。错了，因为现在很多家庭还承担着房贷、车贷等债务，家庭每个月的支出也是按照每个月的收入滚动向前的。生大病期间，存款被急速掏空，如果收入也中断了，那么家庭将岌岌可危。

案例二，覃女士，50 岁，宫颈癌，在省级医院进行了前期的阶段性治疗后，为了方便后续的跟踪治疗，覃女士和丈夫一年以内基本有 8 个月待在省城，他们在医院附近租了一套小房子，租金 2 000 元／月，生活费约 2 500 元／月，而且在这个过程中，覃女士托关系在海外购买了近 7 万元的特效药。房租、生活费、海外购买的药品费等都是为了覃女士的疾病康复而服务的，但这些支出无法用任何一份报销型医疗保险解决。

所以，在重疾险的 3 笔费用中，最能覆盖所有花费的是给付型重疾险，因为保险公司只管赔钱，而不管这笔钱到底是花在什么地方，必须要有足够高的额度才可能完全解决实际问题。但是现实是很多人都买不起高额重疾险。

因此，在经济能力有限的情况下，购买重疾险首先需要考虑解决的费用是治疗费，因为首先得保证有钱治病，而且这笔费用可以结合社保一起考虑，共同承担。其次是康复费，最后是收入损失。这些可以一步买到位，也可以根据经济情况逐步购买。

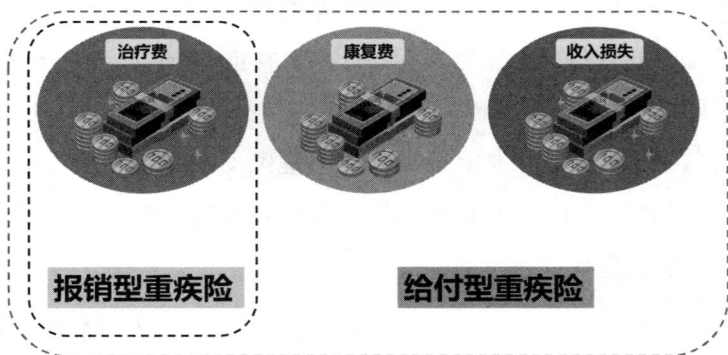

不同类型的保险对应可以解决的重疾费用

保险加油站

在实际生活中，有的企业给员工提供了非常好的医疗保障，社保报销之后，剩余的花费基本上也能报销，但即使是 100% 报销，也只是针对重疾 3 笔费用的第一笔费用而言，这笔钱解决的是"能不能活命"的问题，第二笔和第三笔费用解决的是"能不能活得有质量"的问题，而这个问题，大多数人都只能通过自己的规划来解决。

No.22
什么样的病才叫重大疾病

重大疾病，何为"重大"呢？医院一般对疾病的确诊只是给出一个名字和对当前病情的描述，并不会专门冠以"重大"二字。那什么疾病才能称为"重大疾病"呢？

我们先来看一份商业重疾险的重疾种类。

第 1 类：与恶性肿瘤相关的疾病	
1. 恶性肿瘤	2. 侵蚀性葡萄胎（或称恶性葡萄胎）
第 2 类：与心脏或脑血管相关的疾病	
3. 急性心肌梗塞	4. 严重原发性肺动脉高压
5. 心脏瓣膜手术	6. 严重的原发性心肌病
7. 脑中风后遗症	8. 冠状动脉搭桥术（或称冠状动脉旁路移植术）
9. 主动脉手术	
10. 严重感染性心内膜炎	11. 严重肺源性心脏病
12. 艾森门格综合征	13. 严重的III度房室传导阻滞
14. 严重冠心病	15. 风湿热导致的心脏瓣膜疾病
第 3 类：与器官功能严重受损相关的疾病	
16. 重型再生障碍性贫血	17. 重大器官移植术或造血干细胞移植术
18. 双耳失聪	19. 慢性肝功能衰竭失代偿期
20. 双目失明	21. 系统性红斑狼疮并发肾功能损害
22. 语言能力丧失	23. 急性或亚急性重症肝炎
24. 严重溃疡性结肠炎	25. 终末期肾病（或称慢性肾功能衰竭尿毒症期）
26. 终末期肺病	
27. 胰腺移植	28. 急性坏死性胰腺炎开腹手术

某商业重疾险的重疾种类

作为非医学专业的客户，基本上看到这些疾病种类也没有用，因为确实看不懂，这是正常的，医学本就严谨，写入具有法律效力的合同中，更无法用接地气的语言来表述。

29. 严重肾髓质囊性病	30. 严重肝豆状核变性（Wilson 病）
31. 严重自身免疫性肝炎	32. 严重弥漫性系统性硬皮病
33. 肺淋巴管肌瘤病	34. 肺泡蛋白质沉积症
35. 慢性复发性胰腺炎	36. 特发性慢性肾上腺皮质功能减退
37. 严重小肠疾病并发症	38. 严重的骨髓增生异常综合征
39. 严重克隆病	40. 骨髓纤维化
41. 严重哮喘	42. 小肠移植
43. 胆道重建手术	
第 4 类：与神经系统相关的疾病	
44. 良性脑肿瘤	45. 脑炎后遗症或脑膜炎后遗症
46. 深度昏迷	47. 严重阿尔茨海默病
48. 瘫痪	49. 严重的多发性硬化
50. 严重帕金森病	51. 严重运动神经元病
52. 严重脑损伤	53. 非阿尔茨海默病所致严重痴呆
54. 植物人状态	55. 进行性核上性麻痹
56. 开颅手术	57. 亚急性硬化性全脑炎
58. 克雅氏病	59. 丧失一眼及一肢
60. 进行性多灶性白质脑病	61. 破裂脑动脉瘤夹闭手术
62. 脊髓小脑变性症	
第 5 类：其他重大疾病	
63. 多个肢体缺失	64. 严重的 1 型糖尿病
65. 严重III度烧伤	66. 严重类风湿性关节炎
67. 象皮病	68. 经输血导致的艾滋病病毒感染或患艾滋病
69. 严重肌营养不良症	
70. 弥漫性血管内凝血	71. 因职业关系导致的艾滋病病毒感染或患艾滋病
72. 嗜铬细胞瘤	
73. 严重的原发性硬化性胆管炎	74. 因器官移植导致的艾滋病病毒感染或患艾滋病
75. 严重面部烧伤	76. 严重端氏综合症（Reye 综合征，也称赖氏综合征、雷氏综合征）
77. 成骨不全症第三型	
78. 多处臂丛神经根性撕脱	79. 原发性脊柱侧弯的矫正手术
80. 溶血性链球菌引起的坏疽	

某商业重疾险的重疾种类（续）

单从这款重疾险的种类中可以看出，一共 80 种重大疾病，只是冠有"严重""重大"和"重型"等字样的疾病就有 29 种，其他没有"严重"二字的疾病也有相关的定义。所以，所患疾病是否为"重大"疾病，合同条款说了算。

从重大疾病的种类和条款中，我们大致可以得出，重大疾病的判定分为 3 类。

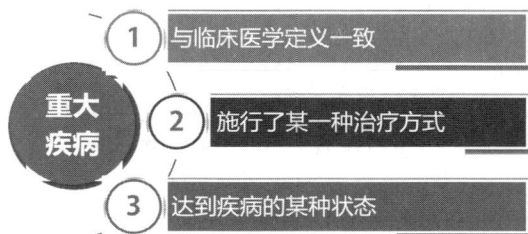

与临床医学定义一致

施行了某一种治疗方式

达到疾病的某种状态

重大疾病的归类

◆ **与临床医学定义一致**：临床上对一种疾病的确诊有其医学判定标准，而商业重疾保险中的部分重大疾病的定义和临床上的基本一致（除去除外责任），这个没有异议，比如"恶性肿瘤"。

1　**恶性肿瘤**　指恶性细胞不受控制的进行性增长和扩散，浸润和破坏周围正常组织，可以经血管、淋巴管和体腔扩散转移到身体其他部位的疾病。经病理学检查结果明确诊断，临床诊断属于世界卫生组织《疾病和有关健康问题的国际统计分类》（ICD-10）的恶性肿瘤范畴。下列疾病不在保障范围内：

（1）原位癌；

（2）相当于 Binet 分期方案 A 期程度的慢性淋巴细胞白血病；

（3）相当于 Ann Arbor 分期方案 I 期程度的何杰金氏病；

（4）皮肤癌（不包括恶性黑色素瘤及已发生转移的皮肤癌）；

（5）TNM 分期为 $T_1N_0M_0$ 期或更轻分期的前列腺癌；

（6）感染艾滋病病毒或患艾滋病（不包括经输血、因职业关系、器官移植导致的艾滋病病毒感染或患艾滋病）期间所患恶性肿瘤。

商业重疾险中关于"癌症"的定义

◆ **施行了某一种治疗方式**：有的疾病其本身病程较长，虽然临床上确诊为某一种疾病，但是保险公司的重疾险并不会赔付，必须因为治疗这种疾病而施行了某种治疗方式才能够被定义为合同约定的重大疾病，这种标准显然比临床标准苛刻得多。比如"心脏瓣膜手术""良性脑肿瘤"等。

5	心脏瓣膜手术 开胸	指为治疗心脏瓣膜疾病，实际实施了开胸进行的心脏瓣膜置换或修复的手术。
44	良性脑肿瘤 开颅	指脑的良性肿瘤，已经引起颅内压增高，临床表现为视神经乳头水肿、精神症状、癫痫及运动感觉障碍等，并危及生命。须由头颅断层扫描（CT）、核磁共振检查（MRI）或正电子发射断层扫描（PET）等影像学检查证实，并须满足下列至少一项条件： （1）实际实施了开颅进行的脑肿瘤完全切除或部分切除的手术； （2）实际实施了对脑肿瘤进行的放射治疗。 脑垂体瘤、脑囊肿、脑血管性疾病不在保障范围内。

某些疾病需要施行了某种手术才能被定义为"重疾"

◆ **达到疾病的某种状态**：有的疾病虽然已经确诊了是与合同中相同名称的病，但是并没有达到合同中规定的程度或者没有持续那么长的时间。这种状况下，暂时也是不符合理赔条件的，比如"脑中风后遗症""瘫痪"等。

7	脑中风后遗症 180 天	指因脑血管的突发病变引起脑血管出血、栓塞或梗塞，并导致神经系统永久性的功能障碍。神经系统永久性的功能障碍，指疾病确诊 180 日后，仍遗留下列一种或一种以上障碍： （1）一肢或一肢以上肢体机能完全丧失[18]； （2）语言能力或咀嚼吞咽能力完全丧失[19]； （3）自主生活能力完全丧失，无法独立完成六项基本日常生活活动[20]中的三项或三项以上。
48	瘫痪 180 天	指因疾病或意外伤害导致两肢或两肢以上肢体机能永久完全丧失。肢体机能永久完全丧失，指疾病确诊 180 日后或意外伤害发生 180 日后，每肢三大关节中的两大关节仍然完全僵硬，或不能随意识活动。

某些疾病需要达到某种状态或者持续一定的时间才被定义为"重疾"

因此，是否为重大疾病，合同条款约定的很清楚，尤其是第二种和第三种确诊标准，相对于临床标准要严苛得多。那么这样的标准是否意味着买了重疾险仍然不保险呢？不是的，因为很难保证所患重疾不会发展到较为严重的状态，而患病之后，无论赔得早还是赔得晚，只要最终得到了赔付，都能缓解经济压力。

所以，在购买重大疾病保险的时候，一定要认真看一下合同约定的重疾赔付条件，做到心中有数。

揭秘"提前给付"重疾险

现在市面上的重疾险以"提前给付"为主，因为各种原因，消费者对"提前给付"误解重重。

给付型的重疾险，一般保障期限较长甚至是终身，大多数名称中都会有"提前给付"4 个字。

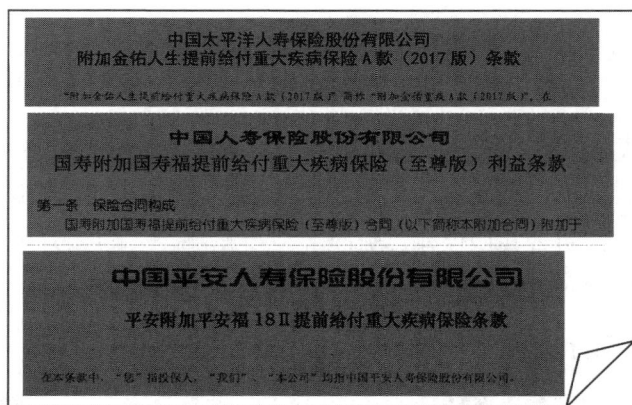

中国太平洋人寿保险股份有限公司
附加金佑人生提前给付重大疾病保险 A 款（2017 版）条款

"附加金佑人生提前给付重大疾病保险 A 款（2017 版）"简称"附加金佑重疾 A 款（2017 版）"，在

中国人寿保险股份有限公司
国寿附加国寿福提前给付重大疾病保险（至尊版）利益条款

第一条　保险合同构成
国寿附加国寿福提前给付重大疾病保险（至尊版）合同（以下简称本附加合同）附加于

中国平安人寿保险股份有限公司
平安附加平安福 18 Ⅱ 提前给付重大疾病保险条款

在本条款中，"您"指投保人，"我们""本公司"均指中国平安人寿保险股份有限公司。

市面上以"提前给付"重疾险为主

保险公司在产品宣传中，通常会有"确诊给付""确诊即赔"等宣传用语，部分保险代理人也是如此给客户讲解，甚至讲的是"只要确诊得了重疾，在治疗之前，就会提前给付一笔钱，这样就不用动用储蓄或者借钱治病"。

所以，绝大多数客户理解的"提前给付"就是还没治病，甚至还没住院，只要有确诊书，保险公司就赔钱。有别于报销型的医疗险，要先住院治疗，凭发票报销。

重疾产品宣传"确诊就赔"

事实上，"提前给付"是相对于"额外给付"而言的，一般"提前给付"型重疾险是以附加险的形式存在，通常以寿险＋重疾险的组合形式存在，两者共用保额，哪个先发生赔哪个。假如发生重疾，则把寿险的保额"提前"赔给客户，然后身价的保额等额减少，大多数减少为 0，则合同终止。

产品信息

国寿福（至尊版）
首年保费¥8370

产品名称	缴费期	保额	保费
(559)国寿福终身寿险（至尊版）	20年交	300000	6060
(315)附加国寿福重疾险（至尊版）	20年交	300000	2310

首年总保费 ￥**8370**

一份"国寿福"重疾保险方案

以上图中的国寿福方案为例，该方案其实就是一份重疾险，它以"寿险（主险）＋重疾（附加险）"的组合形式存在，寿险（身故责任）与重疾共用保额 30 万元，但是如果被保人在身故之前发生了重大疾病，则把原本该身故才会赔付的 30 万元提前赔付给被保人，赔付后主险保额相应减少为 0 元，合同终止。

所以，客户理解的"提前"与保险合同中的"提前"完全是两回事，甚至压根与疾病状态没有任何关系。

提前给付不等于确诊就赔

现实中，比如像"癌症"这样的重疾，理赔的时候的确能做到确诊就赔，客户也能在治疗之前拿到理赔款，确实做到了客户理解的"提前"给付。但这是因为癌症这类重疾在保险合同中的确诊标准与临床标准基本一致，所以"提前"动用寿险的钱在此时却表达出了"还未治疗便提前赔付"的意义，但这只是巧合，并不是"提前给付"的真正意义。

所以，保险公司宣传的"确诊给付"，其真实的意义是"确诊达到了合同条款标准的重大疾病"则赔。记住是合同规定的标准，深究起来，其实有点玩文字游戏的味道。所以重疾险也是理赔纠纷较多的保险，"保了赔不到""保死不保生"等说法就是因为存在认识上的误区。

客户董先生，投保了某公司的重疾险，并附加了住院医疗报销型保险，一年后，董先生因高血压导致了脑溢血而住院，并且接受了脑部瘀血清除手术。住院期间董先生家人甚至被下达了"病危通知书"，董先生也一度处于昏迷状态，而即便如此，董先生的病仍然不符合他所购买的重疾险中的任何一个病种，因此无法得到重疾赔付。因为董先生的保险还附加了报销型医疗险，出院之后，董先生家人凭发票和住院手续理赔了住院费用。

180 天后，董先生仍然处于生活不能自理的状态，此时，董先生的各项身体表现和指标达到了重疾险中"脑中风后遗症"的标准，因此，在出院 180 天后，董先生"提前"得到了重疾险的理赔款。

董先生和家人在这次事故中可谓经历了一波三折，从最开始的赔不到，到最后的赔到了，虽然没有在最需要的时候获赔，但在董先生后期的康复期间，重疾险仍然发挥了巨大的作用，因为董先生长期生活不能自理，无论是请保姆还是家人自己照料，都需要经济支撑。

从上述案例中可以得出，"提前给付"跟医疗险的治疗后再报销并不能相比较，因为依照的是完全不同的标准。有时候给付的时间会早于医疗险报销的时间，而有时候会晚于医疗险报销的时间。

与"提前给付"相对的"额外给付"重疾险，意思就是重疾保额与寿险保额是独立的，重疾赔付后寿险保额不受影响。但是这样的保险价格比"提前给付"型重疾险要贵很多，在生命价值与等钱救命之间，显然救命更为紧要，所以把有限的资金用来保障"活命"这件事，才是首先要考虑的。

■ 保险加油站

有的人会想，既然作为主险的"寿险"和作为附加险的"重疾险"是共用保额，那么为什么在保险合同中，两个项目要分别缴费呢？主险缴费了，重疾险就不该缴费。原因是这样的，因为保险的费用是基于大数法则而计算出来的，虽然寿险和重疾共用保额，但是它们在一个人一生中各自发生的概率和时间却不一样，所以它们的费用的计算方式也不一样，因此分开计费是科学合理的。

No.24
重疾险的疾病数量越多保障越全吗

如果随便采访一下接触过重疾险的客户，"购买重疾险的时候除了保额和保费，你会关注什么呢？"相信有很多人会说重疾的数量。

是的，重疾险保障的重疾有数量范围，从最开始的 25 种到 45 种，直至现在的 100 种，甚至 150 种，大有越来越多的趋势。作为外行的我们，也觉得重疾数量越多，肯定保障越全、范围越广。

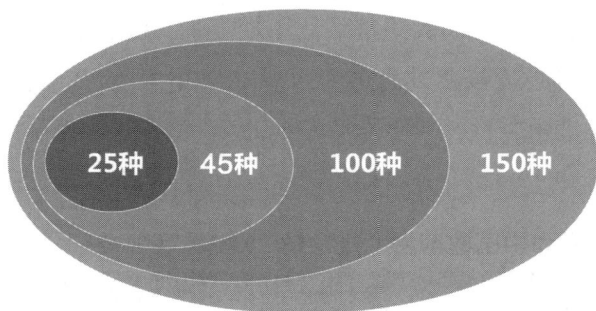

25种　45种　100种　150种

外行人的概念中认为数量越多，保障范围的比例越大

本着数量就是质量的原则，客户可以多方比对，这家公司重疾险

的疾病有多少种，那家多少种，最好买个数量最多、价格还最便宜的。然后在对比中乱花迷眼，不知作何选择。

所谓外行看热闹，内行看门道，看中数量上的对比，真的没有抓住主要矛盾。

这里先摆出一个事实，重疾种类数量上的变化导致的保障范围的变化其实呈下图的状态。

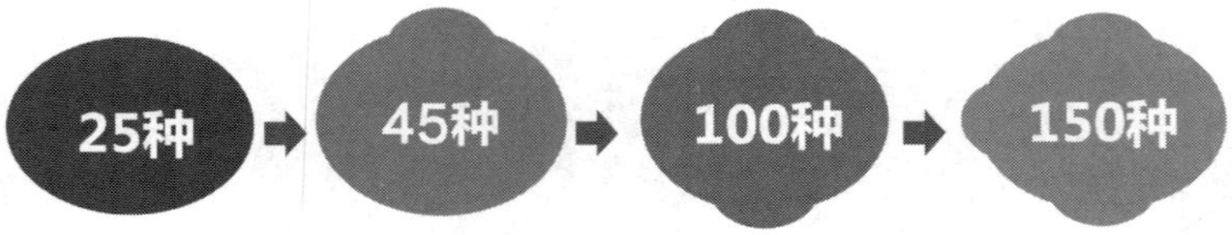

疾病数量的变化导致的保障范围变化示意图

上图的意思是，重疾险疾病数量的增多带来的保障范围的扩大并不会像数量那样同比例扩大。这是为什么呢？

（1）保险行业协会规定的重疾种类只有 25 种

为保障消费者权益，规范重疾产品，保险行业协议和中国医师协会共同制定了重大疾病保险的疾病定义，任何一款重疾险产品都必须符合《重大疾病保险的疾病定义使用规范》。按照规定，各险企的任何一款重疾险必须包含 25 个疾病种类，如下表所示，且对这 25 个疾病的定义标准也一样，只是有的重疾险为了降低赔付风险，会对年龄有一定限制。

保险行业协会和中国医师协会规定的 25 种重疾种类

重疾名称	
恶性肿瘤	多个肢体缺失

续表

重疾名称	
急性心肌梗死	急性或亚急性重症肝炎
脑中风后遗症	良性脑肿瘤
重大器官移植术或造血干细胞移植术	慢性肝功能衰竭失代偿期
冠状动脉搭桥术	脑炎后遗症或脑膜炎后遗症
终末期肾病	深度昏迷
双耳失聪	严重Ⅲ度烧伤
双目失明	严重原发性肺动脉高压
瘫痪	严重运动神经元病
心脏瓣膜手术	语言能力丧失
严重阿尔兹海默病	主动脉手术
严重脑损伤	重型再生障碍性贫血
严重帕金森病	

每款重疾险必须包含上述的 25 种重疾，本就是根据当前发病率较高、对健康危害巨大和治疗费用高昂等标准确定的。所以，每年的重疾理赔中，90% 的重大疾病理赔都在这 25 种重疾中。

（2）有的多出病种是将一病拆为多病

有的重疾产品，病种听起来确实是行业领先，但是仔细查看条款责任，会发现很多疾病的理赔条件存在包含和覆盖的情况，比如多出的"独立能力丧失"，前 25 种必含重疾中的"瘫痪"其实已经覆盖这一现象。所以，重疾数量的增多，营销意义大于实际意义。

（3）增加发病率极低的稀有病种充数

有的重疾险为了增加疾病种类，又不提高保费，会增加一些发病率极低的稀有病种，或者将一般发生在幼儿时期的病种加入成人产品中，如"脊髓灰质炎"，以此充数。

No.25

购买重疾险，重点关注什么

市场上重疾产品那么多，宣传更是各种博人眼球，甚至宣传得十全十美。那怎么才能抓住本质，选择真正合适的产品呢？万变不离其宗，针对产品本身，可以关注如下几点。

（1）看等待期

无论是重疾还是其他一般疾病，在保险中都有等待期的规定，等待期内发生合同约定的重大疾病，保险公司是不会承担赔付责任的，合同条款里面也对等待期做了说明。

等待期

从本附加险合同生效（或最后复效）之日起 90 日内，被保险人首次发病并经医院[1]确诊为本附加险合同约定的"重大疾病"[2]或"特定轻度重疾"[3]，我们不承担保险责任，退还本附加险合同的现金价值，本附加险合同终止。这 90 日的时间称为等待期；被保险人因意外伤害[4]发生上述情形的，无等待期。

如果在等待期后发生保险事故，我们按照下列方式提前给付主险合同部分或全部保险金并相应调整主险合同各项保险利益：

一、重大疾病保险金

被保险人于本附加合同生效（或最后复效）之日起一百八十日内，因首次发生并经确诊的疾病导致被保险人初次发生并经专科医生明确诊断患本附加合同所指的重大疾病（无论一种或多种），本附加合同终止，本公司按照本附加合同所交保险费（不计利息）给付重大疾病保险金；被保险人于本附加合同生效（或最后复效）之日起一百八十日后，因首次发生并经确诊的疾病导致被保险人初次发生并经专科医生明确诊断患本附加合同所指的重大疾病（无论一种或多种），本附加合同终止，本公司按本附加合同基本保险金额给付重大疾病保险金。若因意外伤害导致上述情形，不受一百八十日的限制。

保险合同中关于等待期的说明

等待期内出险不赔，因此，等待期越短越好，哪怕等待期短的产品价格高那么一点点都无妨。因为谁也不知道我们的身体将会发生什么变化，或者可能已经潜伏了什么疾病，而且有的重疾还属于急性的，发病时间较短。目前，保险公司的重疾等待期有的为 180 天，有的为 90 天。虽只有 90 天差距，但不乏因此没有得到赔付的患者。

保险加油站

对于保险公司而言，如果一个人交了一次保费就得了重大疾病，那么保险公司针对这个交易是严重亏钱的。而且保险的保费是按照标准健康的身体为前提进行试算的，所以，等待期的设定，是为了降低保险公司承担的"道德风险"，防止客户带病投保。

（2）看重疾条款

我们在 NO.22 中讲了保险公司确诊重疾的 3 种类别，知道是否符合理赔标准，主要看是否达到条款约定。所以，条款越宽松，获得赔付的可能性越大。

54	植物人状态	指经专科医师确诊，由于意外事故或疾病所致大脑皮质全面坏死，意识完全丧失，但脑干及脑干以下中枢神经功能仍保持完好，且此情况持续一个月或以上。由于酗酒或滥用药物所致的植物人状态不在保障范围内。
35.	植物人状态	植物人状态是指由于严重颅脑外伤造成大脑和/或脑干严重损害导致完全永久性的对自身和环境的意识丧失和中枢神经系统功能丧失，仅残存植物神经功能的疾病状态。对自身和环境意识丧失的完全永久性指严重颅脑外伤后对自身和环境的意识丧失持续12个月以上，诊断必须明确并且有严重颅脑外伤和脑损害的证据。

植物人状态，万一第 11 个月苏醒，该喜还是该忧

41	严重哮喘	指经专科医生明确诊断为严重哮喘，并且满足下列标准中的三项或三项以上： （1）过去两年中有哮喘持续状态病史； （2）身体活动耐受能力显著下降，轻微体力活动即有呼吸困难，且持续六个月以上； （3）慢性肺部过度膨胀充气（导致的由影像学检查证实的胸廓畸形）； （4）每日口服皮质类固醇激素，至少持续六个月以上。
40.	严重哮喘—二十五周岁前理赔	指一种反复发作的严重支气管阻塞性疾病，经我们认可的专科医生确诊，且必须同时符合下列标准： （1）过去两年中曾因哮喘持续状态住院治疗，并提供完整住院记录； （2）因慢性过度换气导致胸廓畸形； （3）在家中需要医生处方的氧气治疗法； （4）持续日常服用口服类固醇激素治疗持续至少六个月。 被保险人申请理赔时年龄必须在年满二十五周岁之前。

严重哮喘，有的人买保险的时候这项就已过期

严苛的条款要么是病了赔不到，要么是要发展到非常严重的地步才可以赔，在一个人发生重大疾病之后，是否能够及时得到赔付，甚至会影响一个人的生命走向。

（3）看是否含有轻症责任

轻症虽然不是必备的25种重疾，但是随着医疗技术的进步以及人们对健康的关注度的提高，有的疾病可能在早期就被发现，虽然没有达到重疾的程度，但是对健康的伤害和给家庭经济带来的压力都不容忽视。所以如果重疾险包含有轻症责任，着实更好。

例如，"双耳失聪"属于重大疾病，但是有的人会单耳失聪，虽然不足以对生活造成重大影响，但仍然会改变一个人的生活。所以，如果包含有"单耳失聪"的轻症责任，则可以得到赔付，如果单耳失聪以后发展到双耳失聪，可以再得到重疾赔付。

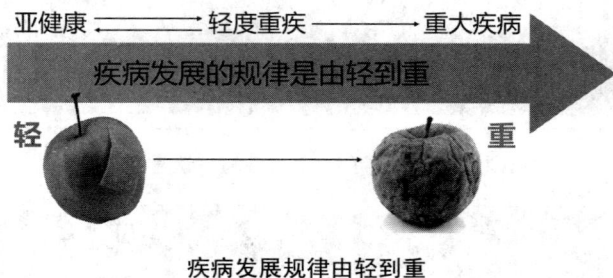

疾病发展规律由轻到重

现在轻症责任几乎成了重疾险的标配，而且大多数重疾险中的轻症责任是不会占用重疾险的保额的，一般赔付重疾保额的一定比例，且赔付后不影响主险和重疾的保额。

（4）看是否含有轻症豁免责任

绝大多数重疾险在赔付了重疾后保险合同也就终止。当然，剩余保费也就不用再交。而轻症属于额外赔付的保额,所以,重疾险如果含有轻症豁免责任更好。

(5)看保费性价比

在保险责任差不多的情况下,都知道选择保费便宜的,但是很多产品无法这样单独比较。通常各方面都较好的保险保费就贵,而保费便宜的保险往往保障又一般。所以,保费性价比首先应该满足"性能"的前提,然后再选择"价格"。

No.26
因地制宜,
根据自身情况有侧重地选择重疾险

市面上基本所有的重疾险都大同小异,一般为终身寿险+提前给付重疾险或者单独的重疾险的方式存在。在保险责任上,基本有如下几种。

1 重症多次+中症多次+轻症多次

2 重症单次+中症多次+轻症多次

3 重症多次+轻症多次

4 重症单次+轻症多次

目前市面上的重疾保障责任

从保障责任来看，普遍认为保障责任越多越好，但任何一款产品都不可能放之四海而皆准。个人购买重疾产品时一定要根据自身情况进行有侧重性的挑选。一句话，没有最好的产品，只有相对合适的产品。

（1）根据自身健康情况和家族病史做侧重选择

医学已证实很多疾病与发病者的家族基因有关系，那么，在挑选重疾产品的时候，如果自身或者自己家族中有某种疾病史，那就挑选在这方面的保障条款相对宽松或者相关病种较多的重疾。

例如，某款重疾险保障责任、保费等的性价比都非常高，但是在25 种行业必备的重疾里面，该产品规定了"严重阿尔兹海默症"的理赔年龄不能超过 70 岁，那么家族有阿尔兹海默症的人就不适合购买这款重疾险。

> **(17) 严重阿尔兹海默症**
> 指因大脑进行性、不可逆性改变导致智能严重衰退或丧失，临床表现为明显的认知能力障碍、行为异常和社交能力减退，其日常生活必须持续受到他人监护。须由头颅断层扫描（CT）、核磁共振检查（MRI）或正电子发射断层扫描（PET）等影像学检查证实，且自主生活能力完全丧失，无法独立完成六项基本日常生活活动中的三项或三项以上。
> 神经官能症和精神疾病不在保障范围内。
> **我们只对被保险人在 70 周岁前被确诊患有本病承担保险责任。**

某重疾险对严重阿尔兹海默症有年龄限制

阿尔兹海默症的发病年龄为男性平均 73 岁，女性平均 75 岁，这款保险限定年龄 70 岁，将大大降低该种重疾的赔付风险。

保险加油站

虽然行业规定任意一款重疾险都必须包含统一的 25 种重疾和使用一致的疾病定义，但并没有规定条款必须完全一致，所以有的公司为了降低费率，降低赔付风险，会在时间上进行操作。除了上面的严重阿尔兹海默症，类似的还有"双耳失聪""双目失明"3 岁起理赔等。

同理，如果自身有心血管方面的小异常，则可以选择在心血管方面的重疾种类较多且条款宽松的重疾产品。

（2）根据自身职业的特殊性做选择

绝大多数重疾产品都有职业分类，不同风险等级的职业费用会有所变化，如果从事的是风险比较高的职业，那么可以选择职业限制较为宽松的重疾产品，这样在价格上可以更为优惠。

（3）根据保险公司核保政策选择

保险公司为了控制赔付风险，会通过智能核保＋人工核保共同把控风险，由于大多数人都属于亚健康状态且很多人还有不良生活习惯，在投保时都面临着核保通不过的风险。

所以，为了尽可能保证投保顺利或者获得更有利于自己的保障责任，在投保时，可以根据自身情况选择在这方面核保相对宽松的保险公司进行投保。当然，这就需要专业的保险代理人或者经纪人从旁辅助。

别让自己进入保险"黑名单"

破解重疾险的多次赔付

　　一般来讲，重疾险赔付以一次为限，赔付后合同终止，而且此时想要购买保险也不可能了。很多人会想到万一以后再得重大疾病呢？因此，有的公司推出了可以多次赔付的重疾险，从 3 倍到 7 倍，听起来真的是惊喜。

产品宣传彩页宣传多次赔付、最高保额等

　　听起来很不错，但果真这么好吗？然而，并不是这样的。

　　（1）将重疾分组，多次赔付更像个噱头

　　多数能够多次赔付的重疾被进行了分组，赔掉一次，淘汰一批。目前市场上常见的分组方法分为 4 组，A 组：免疫系统疾病，如癌症、重大器官移植和慢性肾功能衰竭等；B 组：神经系统疾病，如脑中风后遗症、良性脑肿瘤等；C 组：心血管疾病，如急性心梗、心脏瓣膜手术等；D 组则是其他疾病。

以下是某公司的多次赔付重疾的分组。

A组（22种）	B组（25种）	C组（16种）	D组（17种）
1. 恶性肿瘤 2. 重大器官移植术或造血干细胞移植术 3. 终末期肾病 4. 急性或亚急性重症肝炎 5. 慢性肝功能衰竭失代偿期	1. 脑中风后遗症 2. 多个肢体缺失 3. 良性脑肿瘤 4. 脑炎后遗症或脑膜炎后遗症 5. 深度昏迷 6. 瘫痪 7. 严重阿尔茨海默病 8. 严重脑损伤	1. 急性心肌梗塞冠状动脉搭桥术（或称冠状动脉旁路移植术） 2. 心脏瓣膜手术 3. 严重原发性肺动脉高压 4. 主动脉手术 5. 原发性心肌病 6. 严重类风湿性关节炎	1. 双耳失聪 2. 双目失明 3. 严重III度烧伤 4. 象皮病 5. 慢性复发性胰腺炎 6. 坏死性筋膜炎 7. 严重克隆病 8. 急性坏死性胰腺炎开腹手术 9. 胰腺移植

某多次赔付的重疾险分组

从分组上可以看出，比较有关联性的疾病被分到一组，也就是一种疾病转为另一种疾病的可能性比较大的分在一组，比如因为"脑中风后遗症"可能导致的"瘫痪"，如果在不同的组别里面，就可以赔两次，但是如果它们属于同一组，只能赔一次。而要先后患上不同组别的重疾，概率微乎其微。所以，客户也不必太过费心地去研究分组。

因此，多次赔付的重疾保险如果没有分组，将大大优于分组的重疾保险。

保险加油站

一开始重疾险都是单次赔付的，在实际销售过程中，多次赔付比较迎合客户需求。当然，如果没有太多附加条件，多次赔付也具有很高的实际意义，所以陆续有保险公司推出可以多次赔付的重疾险，也就是我们现在可以接触到的分组赔付的重疾险，而且保费跟单次赔付的重疾险的保费相差不大。但是随着分组问题被越来越多人诟病，不进行分组且多次赔付的重疾险又出现了。因此，保险产品也在不断向更切合实际、更实用的方向发展。

（2）看清多次赔付的间隔期

多次赔付的重疾通常都有间隔期要求，保险中通常称为"生存期"，在这个间隔期内第二次发生重大疾病，是不能得到赔付的。

比如某公司的一款重大疾病保险中，癌症可以得到 3 次赔付，而且第二次和第三次无论是复发、新增还是转移都赔，但是要求间隔 5 年，那么如果第三年复发呢，对不起，赔不到。都知道癌症的复发率很高，而且大多数复发都在 3 年以内，当然 5 年后复发甚至 10 年后复发的也有，但是属于小部分。所以这个癌症 3 次赔付，虽然也有一定的保障效果，但是绝不是表面上听起来的那么"可爱"。因此，如果不差这点钱，可以把多次赔付的利益买上。

总结起来，如果不缺钱，可以多花一部分钱购买一份可以多次赔付的重疾险，毕竟得病之后是很难再买到保险的。

如果想省钱，不如把钱花在提高重疾保额上，先解决大概率，再覆盖小概率。

No.28
重疾险和防癌险互不影响

癌症，是各家保险公司重疾赔付压力最大的一块，也是威胁人们生命的头号杀手，重疾险中的第一个重疾就是"恶性肿瘤"，也就是指所有的癌症。除此之外，市面上还有专门针对癌症保障的防癌险，也很受人们的青睐。

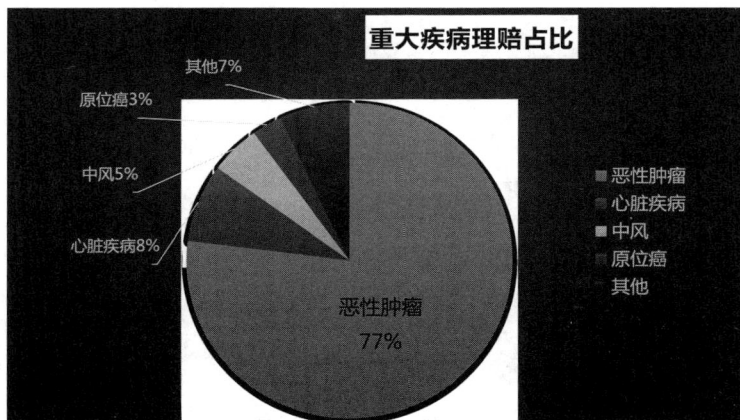

重大疾病理赔占比

其他7%
原位癌3%
中风5%
心脏疾病8%

恶性肿瘤
77%

- 恶性肿瘤
- 心脏疾病
- 中风
- 原位癌
- 其他

癌症在重疾理赔中的占比最大

也就是说，如果一个人一生要得重大疾病的话，将有 70% 以上的概率得的是癌症。所以，加强癌症保障很有必要。

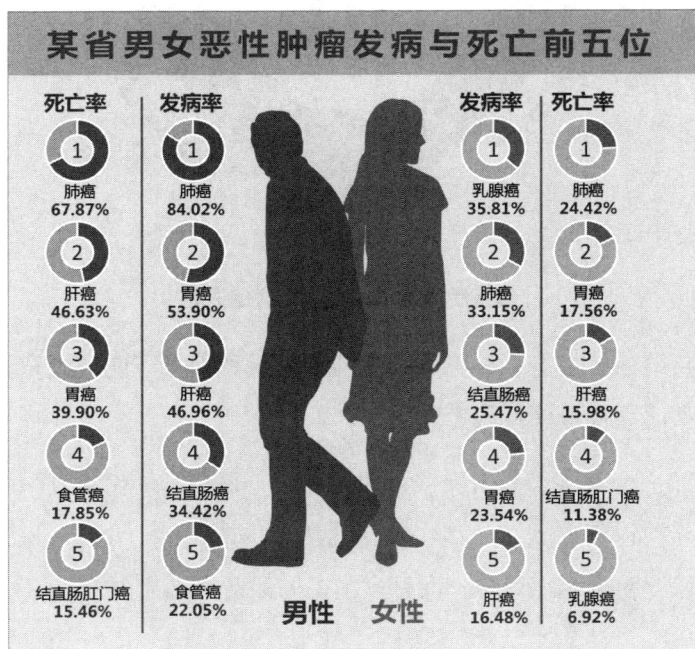

某省男女恶性肿瘤发病与死亡前五位

死亡率	发病率		发病率	死亡率
1 肺癌 67.87%	1 肺癌 84.02%		1 乳腺癌 35.81%	1 肺癌 24.42%
2 肝癌 46.63%	2 胃癌 53.90%		2 肺癌 33.15%	2 胃癌 17.56%
3 胃癌 39.90%	3 肝癌 46.96%		3 结直肠癌 25.47%	3 肝癌 15.98%
4 食管癌 17.85%	4 结直肠癌 34.42%		4 胃癌 23.54%	4 结直肠肛门癌 11.38%
5 结直肠肛门癌 15.46%	5 食管癌 22.05%	男性 女性	5 肝癌 16.48%	5 乳腺癌 6.92%

某省男女癌症发病率和死亡率排名前五

至于少儿，发病率和死亡率排名第一的癌症是"白血病"。

有的重疾险中会特别加大对某些特定癌症的保障，比如女性特定癌症；或者少儿重疾险中会加大白血病的保障，比如白血病双倍赔付重疾保额，这些都是挺不错的。

为了应对癌症风险，可以购买重疾险＋防癌险，一旦发生癌症，两份保险都会赔付，而且癌症在重疾里确实是确诊就赔，获得高赔付有助于保障癌症期间的长期治疗。

重疾险＋防癌险，拉高癌症保障

重疾险一般带有身故责任，防癌险则无，而且由于防癌险只保癌症，因此保费比重疾险便宜很多。

比如一个人买了一份保终身的重疾险，再买了一份保到 70 岁的防癌险或者可以续保到 70 岁以上的消费型的防癌保险。这样，在癌症高发年龄段，拉高癌症保障，而且多承担的保费也不会很多。

普通的消费型防癌保险

　　各大公司防癌险都大同小异，癌症条款也都相似，所以选择的时候很简单，如果癌症可以赔付多次，而且间隔期较短，多次赔付的癌症无论复发、转移还是新增，原位癌也保，而且还强化了不同性别或年龄段的高发癌症保障，那就买吧。

No.29
如实告知、如实告知、如实告知，重要的事情说三遍

　　保险合同是射幸合同，也就是说合同所承担的赔付责任可能会发生，也可能不会发生，是个概率问题。而且保费的计算是以客户身体健康为前提的。

因此，保险公司为了准确评估风险，投保之前，保险公司会对投保人和被保人进行问卷式的健康询问。

在我国，健康告知用的是询问告知方式，只回答问卷的问题，而在国外保险发展较为成熟的国家，健康告知用的是无限告知方式。

如实告知秉持最大诚信原则，发生在合同订立之前，当事人应根据自身实际情况如实回答询问事项，履行告知义务。

但是保险公司无法从实际流程中强制当事人诚信告知，也就是说，如果当事人隐瞒告知，保险公司也无法强制执行，也不会请求当事人赔偿，只能解除合同或免于承担保险责任，或者削减保险利益。

> **7.5　明确说明与如实告知**
>
> 订立本主险合同时，我们会向您说明本主险合同的内容。对本主险合同中免除我们责任的条款，我们在订立合同时会在投保书、保险单或其他保险凭证上作出足以引起您注意的提示，并对该条款的内容以书面或口头形式向您作出明确说明，未作提示或者明确说明的，该条款不产生效力。
> 我们就您和被保险人的有关情况提出询问，您应当如实告知。
> 如果您故意或者因重大过失未履行前款规定的如实告知义务，足以影响我们决定是否同意承保或者提高保险费率的，我们有权解除本主险合同。
> 如果您故意不履行如实告知义务，对于本主险合同解除前发生的保险事故，我们不承担给付保险金的责任，并不退还保险费。
> 如果您因重大过失未履行如实告知义务，对保险事故的发生有严重影响的，对于本主险合同解除前发生的保险事故，我们不承担给付保险金的责任，但会退还保险费。
> 我们在合同订立时已经知道您未如实告知的情况的，我们不得解除合同；发生保险事故的，我们承担给付保险金的责任。
> 上述合同解除权，自我们知道有解除事由之日起，超过 30 日不行使而消

> 投保人应在对所有被保险人健康/职业状况充分了解的基础上履行如实告知义务。投保人承诺完全知晓所有被保险人健康/职业状况。若被保险人健康/职业状况与上述告知内容不符：　（1）本公司有权不同意承保。　（2）若发生保险事故，本公司不承担赔偿或给付保险金的责任，并有权不退还保险费。

某保险合同中关于如实告知的说明

关于如实告知健康询问，不同公司有细微差异，但主要问题都差

不多，包括当前身高体重、生活习惯以及病史等。

某公司重疾险的部分健康询问

如果在健康询问中有告知情况，保险公司则会根据具体的告知内容决定是否直接承保，还是要求当事人提供检查报告以及病史资料，抑或是要求当事人在指定的医院做体检，最后根据检查结果进行综合评估，评估的结果一般分为"标准体承保""部分责任除外""延期""加费承保"和"拒绝投保"等。

◆ **标准体承保**：某些健康告知并不会加大当事人的健康风险，比如曾经的小感冒住院、受小伤住院等，所以会跟完全没有异常告知的标准体一样直接承保。

◆ **部分责任除外**：根据异常告知情况，保险公司评估后可能会觉得当事人某一部位发生疾病的风险较高，可能会对其责任除外，例如，患有乳腺增生或者囊肿的客户在投保重疾险时，可能会除外"乳腺癌以及其他乳腺疾病"责任，也就是得了这些疾病，不赔。

◆ **延期**：延期的意思是当事人当前不适合投保，比如曾经住过院，而且距离现在时间太短，保险公司需要观察一段时间，看当事人的身体恢复状况再决定是否承保。

◆ **加费承保**：当事人的健康风险较正常水平高，保险公司评估后可以承保，但是需要支付比别人更高的保险费。

◆ **拒绝投保**：当事人风险超出可承保的范围，不接受投保。

无论是哪一种核保结论，只要不是标准体承保，其他结论都会下发核保函件。当事人需要根据核保的结果做出自己的选择，是同意还是放弃，如果同意，则保险公司按核保结果承保，如果放弃，则退还保费。

有的人会想到，我曾经的病史情况保险公司怎么会知道呢？所以可能抱着侥幸心理隐瞒告知。无论是门诊还是住院，只要在医院有过记录，甚至你的社保卡的刷卡记录，这些都是保险公司调查的依据。不管保险公司当前和未来会怎么调查，总之，他能调查出来。所以，对于有过病史的人来说，一定要做到如实告知，能买最好，不能买就不买。

有时候，隐瞒告知并不是当事人的故意行为，比如曾经的某个小问题因为时间太长忘记了，或者根本就没有搞清楚自己的疾病情况，或者对很多小的异常指标并没有在意，所以告知的时候说一切正常。针对这种情况，当意识到自己的过失行为时，可以向保险公司提出补充告知。

另外，如实告知虽然主要指健康告知，其实还有一个"告知"，那就是当事人当前从事的职业类型。因为不同职业的人所面临的风险是不一样的，比如一个办公室内勤人员肯定比油漆工人面临的健康风险要低得多。因此，如果一个本来从事高风险职业的人告知的是低风险职业类别，在发生风险的时候，也将面临利益减损。

No.30
各种重疾的大致治疗费用你备够了吗

在第二章我们讲到买合适的保额，那么重疾保额怎样才算合适的呢？对于普通收入群体来说，想要花最少的成本解决实际问题，那就需要斟酌、选择一个合适的重疾额度了。

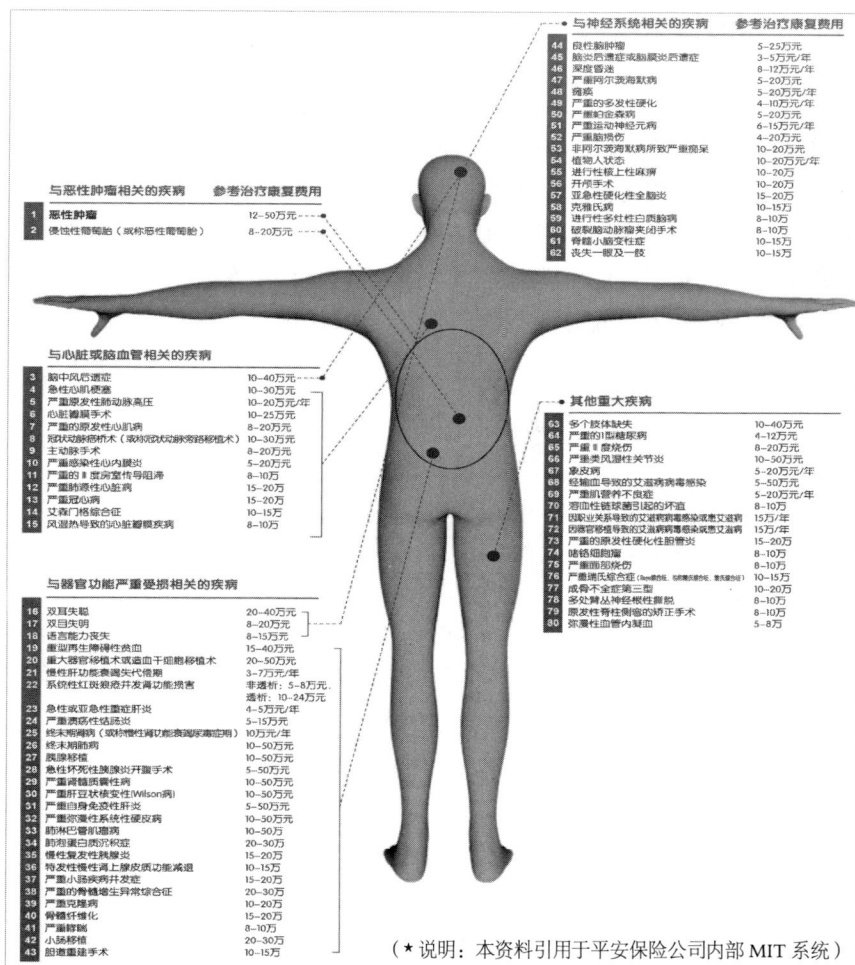

与神经系统相关的疾病	参考治疗康复费用
44 良性脑肿瘤	5-25万元
45 脑炎后遗症或脑膜炎后遗症	3-5万元/年
46 深度昏迷	8-12万元/年
47 严重阿尔茨海默病	5-20万元
48 瘫痪	5-20万元/年
49 严重的多发性硬化	4-10万元/年
50 严重帕金森病	5-20万元
51 严重运动神经元病	6-15万元/年
52 严重脑损伤	4-20万元
53 非阿尔茨海默病所致严重痴呆	10-20万元
54 植物人状态	10-20万元/年
55 进行性核上性麻痹	10-20万元
56 开颅手术	10-20万
57 亚急性硬化性全脑炎	15-20万
58 克雅氏病	10-15万
59 进行性多灶性白质脑病	8-10万
60 破裂脑动脉瘤夹闭手术	8-10万
61 脊髓小脑变性症	10-15万
62 丧失一肢及一眼	10-15万

与恶性肿瘤相关的疾病	参考治疗康复费用
1 恶性肿瘤	12-50万元
2 侵蚀性葡萄胎（或称恶性葡萄胎）	8-20万元

与心脏或脑血管相关的疾病	
3 脑中风后遗症	10-40万元
4 急性心肌梗塞	10-30万元
5 严重原发性肺动脉高压	10-20万元
6 心脏瓣膜手术	10-25万元
7 严重的原发性心肌病	8-20万元
8 冠状动脉搭桥术（或称冠状动脉旁路移植术）	10-30万元
9 主动脉手术	5-20万元
10 严重遗传性心肌病	8-10万
11 严重心脏瓣膜病	15-20万
12 严重慢性心脏病	15-20万
13 严重慢心病	15-20万
14 艾森门格综合征	10-15万
15 风湿热导致的心脏瓣膜病	8-10万

与器官功能严重受损相关的疾病	
16 双耳失聪	20-40万元
17 双目失明	8-20万元
18 语言能力丧失	8-15万元
19 重型再生障碍性贫血	15-40万元
20 重大器官移植术或造血干细胞移植术	20-50万元
21 慢性肝功能衰竭失代偿期	3-7万元/年
22 系统性红斑狼疮并严重肾功能损害	非透析：5-8万元，透析：10-24万元
23 急性或亚急性重症肝炎	4-5万元/年
24 严重溃疡性结肠炎	5-15万元
25 终末期肝病（或称肝功能衰竭晚期肝硬化病毒性肝炎）	10万元/年
26 肾髓移植	10-50万元
27 胰腺移植	10-50万元
28 急性坏死性胰腺炎开腹手术	5-40万元
29 严重瘤质囊肿病	10-50万元
30 严重肝豆状核变性(Wilson病)	10-50万元
31 严重自身免疫性肝炎	5-50万元
32 严重慢性系统性硬皮病	10-50万元
33 肺淋巴管肌瘤病	10-50万
34 严重蛋白丢失性肠病	20-30万
35 慢性复发性胰腺炎	15-20万
36 特发性慢性肾上腺皮质功能减退	10-15万
37 严重小肠疾病并发症	15-20万
38 严重的脊髓灰质炎异常合征	20-30万
39 严重克隆病	15-20万
40 骨髓纤维化	15-20万
41 系统性硬化	8-10万
42 小肠移植	20-30万
43 胆道重建手术	10-15万

其他重大疾病	
63 多个肢体缺失	10-40万元
64 严重的I型糖尿病	4-12万元/年
65 严重II度烧伤	8-20万元
66 严重类风湿性关节炎	8-20万元
67 象皮病	5-20万元/年
68 经输血导致的艾滋病病毒感染	5-50万元/年
69 严重营养不良症	8-10万元
70 溶血性链球菌感染的坏疽	8-10万
71 因职业关系导致的艾滋病病毒感染或患艾滋病	15万/年
72 因器官移植导致的艾滋病病毒感染或患艾滋病	15万/年
73 严重的原发性硬化性胆管炎	8-10万
74 嗜铬细胞瘤	8-10万
75 严重再生障碍	8-10万
76 严重溃疡性结肠炎	10-20万
77 成骨不全症第三型	10-20万
78 多处脊神经根性剥脱	8-10万
79 原发性侧倾症的矫正手术	8-10万
80 弥漫性血管内凝血	5-8万

（★说明：本资料引用于平安保险公司内部 MIT 系统）

部分重疾的参考治疗费用

根据以上参考资料和保险公司的重疾理赔总结，建议重疾额度至少准备 30 万元左右，再不济，20 万元得准备。

实在没那么多钱买了，怎么降低费用呢？买一个基本额度的终身重大疾病保险，再加一个定期或者短期重疾保险，这样就可以拉高保额并且降低费用。不要因为短期重疾险是消费型就觉得缴费心疼，要明白一个道理，保障型保险保的是"现在安心"。

保险加油站

有些业务员在给客户讲解重疾险的时候，面对客户既拿不出更多的钱又嫌保额低，会讲到"现在能买多少就买多少，等以后经济好了，可以增加保额"。很多客户理解的增加保额是在原来的保单上将保额调高，然后补交调高的那部分保额的费用。错了，绝大多数保险都不支持在投保后调整保额，所谓的"加保"，也就是重新购买一份新的保险。

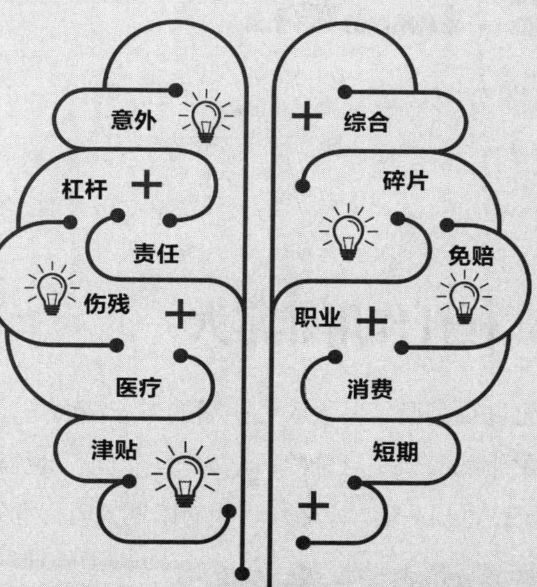

意外　综合

杠杆　＋　碎片

责任　免赔

伤残　职业　＋

医疗　消费

津贴　短期

＋

第**4**章

意外险，用低保费撬动高保额

　　有句话叫"谁知道明天和意外，到底谁先来"，是的，在这个风险社会，意外无处不在。人的离去一般是这两种方式，疾病和意外。一场意外，可以改变人生，甚至毁掉一个家庭，所以意外险也格外受人重视。因此对于意外险，也有很多"门道"需要摸清。

No.31
意外险，杠杆作用非常大

意外险可以说是已经融入人们生活的方方面面了，尤其是出行。坐飞机，会附带购买航空意外险；坐火车、汽车，也有几元钱的交通意外险；甚至路边扫一辆共享单车，也有附赠的骑行意外险。

本次骑行行程由哈罗单车联合支付宝为用户提供骑行意外伤害保险服务。

保险范围： 保险期间内，被保险人通过支付宝扫码开启哈罗单车的过程中（自扫码开锁时起至到达目的地时止）发生意外事故并造成自身伤害的，保险人在保额范围进行补偿。

保障额度： 意外伤残或身故，10万元；意外医疗保障5000-10000元，以出险点时的保额为准，最高10000元。

保险费用： 免费赠送

报案理赔： 由于骑行过程中发生意外导致的医疗或伤残，可以在线申请理赔，由于骑行发生的意外身故，可由亲友致电95188-9申请理赔。

在线理赔： 支付宝—我的—保险服务—我的—历史保单—骑行保单—申请理赔。

具体保险信息及条款请联系支付宝客服（95188-9）咨询或在骑行保单页面查看具体保险公司条款。

哈罗单车随车赠送的骑行意外险

意外险无处不在，因为意外无处不在。除了疾病，意外是威胁生命健康安全和家庭幸福的另一杀手，尤其是出行需求的不断增加和信息的发达，人们的意外风险意识也逐渐增强。

意外险的保费有少则几元的，也有多则几千的，但是总的来讲，意外险的价格很便宜，但杠杆作用巨大。

以一款普通的意外险为例，保障一年，保额分别为 10 万元、20 万元和 30 万元的档次，保障利益和保费如下图。

安联意外保险计划			
保险责任	计划一	计划二	计划三
意外身故伤残	10万	20万	30万
意外医疗	1万	2万	3万
意外住院津贴	50 / 天	100 / 天	150 / 天
意外重症监护住院津贴	100 / 天	200 / 天	300 / 天
航空意外	30万	50万	100万
公共交通意外	10万	30万	50万
意外救护车费用	500	1000	1500
保费	100	200	300

一款普通的意外险保障利益和保费情况

从保费和保额来看，杠杆比例达到了 1000 倍，如果按照特定意外的保额来看，比如"公共交通意外"，杠杆比可达到 1666 倍。为什么这么便宜呢？先来看一组数据。

在中国，每年非正常死亡超过320万人
平均每天8767人死于意外事故
平均每分钟6个人

每年发生意外身故的大概数据

数据看起来很吓人，但实际上对于个人而言，一年中发生意外的概率却非常低，而且短期意外险还属于消费型的，所以保费如此便宜。

既然意外发生的概率很低，那为什么要买意外险呢？因为一旦发生意外，除了有惊无险，还可能会产生 4 种结果。

意外可能导致 4 种伤害

以上任意一种情况，除了受轻伤，其他的要么面临巨额治疗费，要么面临巨额赔偿（比如开车带人发生车祸，车内乘客受伤或者身故）。

更有甚者可能同时会产生多种结果，比如花费了巨额抢救费之后仍然身故了，或者结果好一点，终身残疾了。

试问，这些结果，个人或者家庭能否承担呢？显而易见，并不能。

所以，每年少聚一次餐、少抽几包烟或少打一次麻将（虽然后两种活动不提倡，但现实中仍然有很多人热衷），就可以购买一份意外险。如若平安，就当少聚了一次餐，如若不平安，它则可以保护你的家庭不会被突如其来的意外彻底击倒。

搞清楚意外险的几种保险责任

意外险是一种保险产品，以人的生命和身体作为保险标的。根据意外可能会造成的损害，意外险有几种保险责任划分。

派生责任
- ◆医疗给付
- ◆务工给付
- ◆住院津贴
- ◆丧葬费给付
- ◆遗族生活费给付
- ◆……

意外险

- ◆死亡给付
- ◆残疾给付

主要责任

意外险的几种保险责任

王先生某年因为照顾朋友的人情，在朋友那里购买了一份意外险，价格很便宜，150元一年，保额50万元。因为是人情单，王先生也并没有认真看保险责任。

不幸的是，王先生有一天走路不小心摔倒了，而且摔得很严重——骨折。需要上万元治疗费和至少两个月的治疗时间＋康复时间。这时，王先生想到了自己买的意外保险，心想这下可以解决治疗费用了。

报案后，保险公司给出的结果是拒赔，为什么呢？

因为王先生购买的意外险只是一款"意外伤害"保险，所谓"伤害"就是要么身故，要么残疾，并没有附加意外医疗保险这样的派生责任。因此，听起来有50万元的保额，实则需要死了或者全残才能拿到。

这下，王先生就不服气了，明明是意外保险，自己这也确实是发生的意外，可是却不能赔付，保险真的是"骗人"的。

现实中，人们对于意外险的最大误解也在于此，将意外伤害保险当成了意外医疗保险，导致的结果就是被保险人满心以为自己拥有全面而足够的意外保障，实则只是穿了半件衣服近似"裸奔"而已，当有一天风险"驾到"，却仍然需要自己承担。

所以，无论是基本责任还是派生责任，仍然有其判定的标准和定义。

意外身故保险金 被保险人因遭受**意外伤害**（见9.3），并自事故发生之日起180日内身故的，我们按基本保险金额给付"意外身故保险金"，本附加险合同终止。
但若被保险人身故前本附加险合同已有意外伤残保险金给付，则意外身故保险金为基本保险金额扣除已给付的意外伤残保险金后的余额。

某意外险的身故责任条款

从条款中可以看出，意外身故主要有如下两个关键点。

第一，意外身故需要满足"180天"的时间限定，也就是说发生意外后，如果超过180天才身故，则不赔付身故责任。因为，只要超过180天，则认为该次意外不是导致被保人身故的直接原因。

第二，意外身故和意外伤残共用保额，也就是说，如果赔付了伤残责任，后面再发生身故，则会从保额中扣减出之前的伤残赔付款。

那么，意外伤残的责任具体是什么呢？

意外伤残保险金 被保险人因遭受意外伤害，并自事故发生之日起180日内造成本附加险合同所附《人身保险伤残评定标准》所列伤残之一者，我们按相应的保险金给付比例乘以基本保险金额给付"意外伤残保险金"。如治疗仍未结束的，按事故之日起第180日的身体情况进行伤残评定，并据此给付伤残保险金。
被保险人因同一意外伤害事故造成附件所列两处或两处以上伤残时，应对各处伤残程度分别进行评定，如果几处伤残等级不同，以最重的伤残等级作为最终的评定结论；如果两处或两处以上伤残等级相同，伤残等级在原评定基础上最多晋升一级，最高晋升至第一级。同一部位和性质的伤残，不得采用附件条文两条以上或者同一条文两次以上进行评定。
该次意外伤害导致的伤残合并前次伤残可领较严重等级伤残保险金者，按较严重等级标准给付，但前次已给付的伤残保险金（投保前已患或因责任免除事项所致附件所列的伤残视为已给付伤残保险金）应予以扣除。
意外伤残保险金以基本保险金额为限，累计给付的意外伤残保险金的总额达到基本保险金额时，本附加险合同终止。

某意外险的伤残责任条款

意外伤残责任中最最重要的一点是：按照伤残等级比例赔付。那么，伤残等级的标准又是怎样评定的呢？

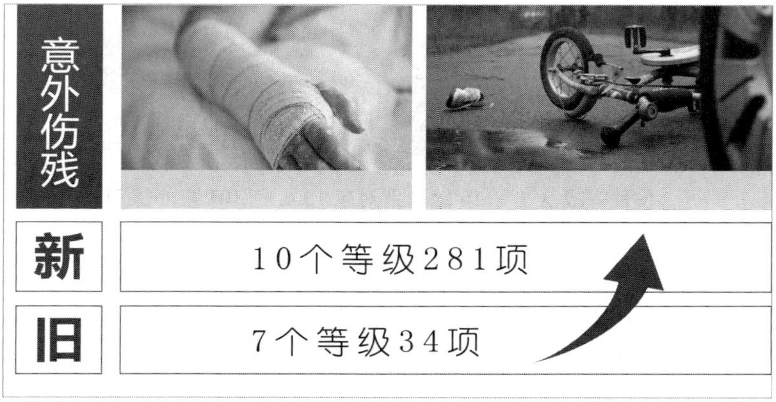

意外伤残采用 10 个等级 281 项新标准

保险加油站

新标准于 2014 年 1 月 1 日起正式实施，新标准实施后，意外伤害保险的保障范围由 34 项增至 281 项，由此伴随的是，意外保险的价格当时也经历了一轮上涨。

伤残等级的评定需要专业的评残机构按照《人身保险伤残评定标准》进行，而且需要在意外发生之日起 180 日内评定，如果 180 日时治疗仍未结束。也就是说被保人的伤残状态暂时还没有确切的定论，则按照第 180 天的状态进行评定。

所以，如果在购买意外险的时候，听代理人说意外伤残保额高达多少多少万元，不要想当然地认为只要残疾了就可以得到如此多的赔付。记住，只有全残，才能得到全部保额赔付。

伤残等级从 1 ～ 10 级分别对应 100% ～ 10% 意外保额

只拥有主要责任的意外险是非常便宜的，尤其有的意外险还只针对某种特定意外事件，比如公共交通意外，价格就更加便宜。但是一旦发生意外，受伤的概率将远远高于身故或残疾的概率，所以，派生责任在现实中比较实用，当然，包含派生责任的意外险价格也相对贵一些。

No.33
意外险的种类

意外险是对所有意外保险的综合简称，它有很多分类。不同类别的意外险的保障责任和保费会有很大的差别，适用的人群也不同。

所以，了解意外险的分类，对于消费者而言，是很有必要的，对科学合理地规划自己的意外保障将有莫大的益处。

意外险按保障范围分类，可以分为综合性意外险和碎片化意外险，两者有着巨大区别。

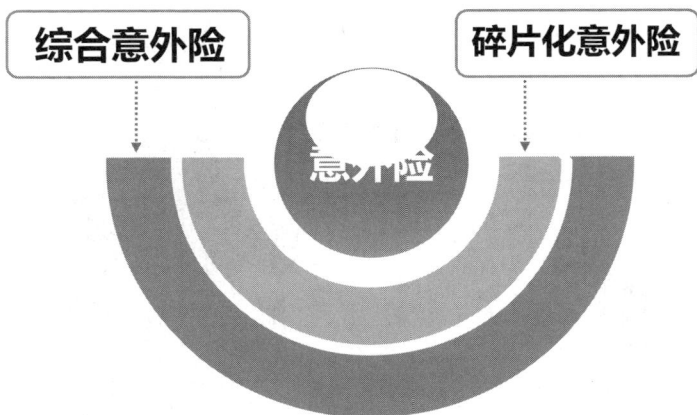

综合性意外险和碎片化意外险

◆ **综合性意外险**：即包含所有外来的、突发的、非本意的以及非疾病的使身体受到伤害的客观事件，比如被高空坠物砸中了、不小心摔倒了、看热闹被踩踏了、猫抓狗咬了等。总之，就是包含所有的意外情况。

◆ **碎片化意外险**：顾名思义，即是针对一些细化的特殊情况的意外事件，比如公共交通意外、游泳池意外、旅游住酒店发生意外和电梯意外等。简而言之，就是只保某一种或几种意外情况。

客户邱先生听别人说起某某保险保费不高，保额 100 万元，觉得划算，也买了一份，同时邱先生也给家人说了自己有 100 万元保额的意外险，万一自己遭逢不幸，家人可以得到 100 万元的赔款，也算是自己对家人爱的延续。果不其然，一语成谶，邱先生某天为朋友拉木材，不小心从高处坠落，不治而亡。家人承受巨大的悲痛之余想起邱先生说过有 100 万元保额的意外险，于是向保险公司申请理赔，没想到保险公司审核后却拒绝赔付，原因是邱先生的 100 万元意外险是自驾车意外，要在驾驶自己的汽车的过程中发生了意外导致身故，才能得到 100 万元赔付。因此，邱先生的离去不属于他所购意外险的保障范围。

要想赔付，得死对方式

通常，综合性意外险的保障范围包括了所有碎片化意外险的保障范围，属于包含与被包含关系。

而且，很多综合性意外险对某些碎片化意外情况做了特别保障，比如有的综合意外险中规定，如果被保人是因为公共交通发生意外导致的身故，则双倍甚至 3 倍赔付保额。

从保费最终结果来看，意外险也可以分为消费型和返还型两种。一般消费型的意外险是交一年保一年的短期意外险，价格较为便宜；返还型意外险是按年收取保费，属于长期险，保障一定的时间，比如交 10 年保 30 年，保障期间内如果没有出险，则返还所交保费的多少倍（通常是 1.1 ~ 1.5 倍之间）。

还有一种消费型的意外险是附加在重疾或者寿险上的，随着主险缴费时间一起缴费，一般约定意外保障到多少岁。比如中国平安的"平安福"附加长期意外保障到 70 岁，中国人寿的"国寿福"附加意外保障到 75 岁，这些意外险也属于消费型的。只不过因为身价保额的必然赔付让客户弱化了对这部分钱的消费意识。

看清楚意外险中的"坑"

前面说了，意外险的杠杆作用很强大，几十元、上百元的意外险，却有动辄上百万元的保额。而且很多意外险还返保费，听起来非常划算。

但是，如果你仔细研究会发现，意外险并非看起来那么美好，甚至还会存在很多"坑"。

要看清楚意外险中的"坑"

（1）了解清楚意外险的除外责任

无论是综合性意外险还是碎片化意外险，都有除外责任，也就是不包含在保障范围内的情况。除外责任会明确写在合同里面，购买之前，投保人要认真查看电子版条款中的除外责任。

2.3　责任免除	因下列情形之一导致被保险人身故、伤残的，我们不承担给付保险金的责任：
	（1）投保人对被保险人的故意杀害、故意伤害；
	（2）被保险人故意自伤、故意犯罪、抗拒依法采取的刑事强制措施或自杀，但被保险人自杀时为无民事行为能力人的除外；
	（3）被保险人主动吸食或注射毒品（见 9.6）；
	（4）被保险人酒后驾驶（见 9.7）；
	（5）战争、军事冲突、暴乱或武装叛乱；
	（6）核爆炸、核辐射或核污染；
	（7）被保险人因妊娠（含宫外孕）、流产、分娩（含剖宫产）导致的伤害；
	（8）被保险人因药物过敏或精神和行为障碍（依照世界卫生组织《疾病和有关健康问题的国际统计分类》（ICD-10）确定）导致的伤害；
	（9）被保险人未遵医嘱，私自使用药物，但按使用说明的规定使用非处方药（见 9.8）不在此限；
	（10）猝死（见 9.9）、细菌或病毒感染（因意外伤害导致的伤口发生感染者除外）；
	（11）被保险人从事潜水（见 9.10）、跳伞、攀岩（见 9.11）、蹦极、驾驶滑翔机或滑翔伞、探险（见 9.12）、摔跤、武术比赛（见 9.13）、特技表演（见 9.14）、赛马、赛车等高风险运动。
	发生上述第（1）项情形导致被保险人身故的，本附加险合同终止，主险合同同时终止，我们向受益人退还本附加险合同及主险合同的现金价值。
	发生上述其他情形导致被保险人身故的，本附加险合同终止，我们向您退还本附加险合同的现金价值，主险合同同时终止。

某综合意外险责任免除合同条款原文

保险加油站

　　一定要记住，酒驾属于意外险的除外责任，死了不赔身价，受伤也不赔医疗费。这是因为酒驾属于违法行为，行为人明知酒驾危险，还要喝酒，喝酒后还要开车，所以从主观上来讲，如果发生意外，行为人本身也要负很大的责任。前保监会于 2009 年 10 月 1 日发文规定酒驾等违章驾驶导致的意外，保险公司不得赔付。酒驾包括驾驶机动车或者非机动车，比如骑电瓶车、自行车等都算酒后驾驶。所以无论是否投保，都要严格约束自己的行为。

　　值得一提的是，99% 的意外险都不保障猝死，但是现今社会猝死的人挺多。所以，如果要覆盖这一情况，除了购买包含猝死责任的意外险之外，也可以用寿险解决。

358¥起	168¥起	58¥起
至尊计划	豪华计划	黄金计划

意外身故、残疾	50万元
猝死	25万元
意外医疗费用	6万元
飞机意外	300万元
火车意外	100万元
查看保障详情	

包含"猝死"责任的意外险

（2）看清楚职业类别限制

一个人的职业跟意外发生的概率是相关的，所以保险公司非常关心被保人的职业。在购买意外险的时候，尤其是在网上自己购买的时候，一定要看清承保的职业类别，否则，超出了职业类别的限定，就算买了也白买。

> 5.4.**本产品承保教师、学生、白领、家庭主妇、内勤管理、商业服务人员、零售商（不负责安装）等1-4类职业，**暂不接受室外装饰、建筑、炼钢、登高**等高风险行业中相关**5类及其以上职业投保本产品，**对于5类及以上职业我司不承担保险责任，**平安职业分类完整信息，请使用PC浏览

中国平安互联网上某意外险关于被保人职业限定的说明

目前针对职业类别的分级，各家保险公司差异不大，总共分为六大类，涉及几百种职业。投保时保险产品一般都会给出职业类别的查询路径和职业范围的描述，投保人仔细对照即可。

类1	类2	类3	类4	类5	类6	拒保
·公务员 ·管理人员 ·职员 ·化妆师 ·教师 ·建筑制图员 ·内勤人员 ·经营者	·旅游/商业 ·一般服务业 ·新闻/杂志业 ·维修工 ·种/养殖业 ·咨询人员 ·销售人员 ·经理人员	·农业 ·牧业 ·钢铁业 ·汽车制造 ·造纸业 ·装潢业 ·包装工 ·司机	·内陆渔业 ·港口作业 ·电子设备 ·钻井业 ·玻璃陶瓷业 ·娱乐营业 ·木匠 ·制造工	·交警/刑警 ·建筑业 ·造林业 ·木材加工 ·油矿开采 ·铁路铺设 ·铸造工	·货车司机 ·高空作业 ·采砂石业 ·钻油井工人 ·客货轮服务 ·采矿/勘探	·武警 ·近海渔业 ·远洋渔业 ·天然气开采人员 ·赛车 ·飞行训练人员 ·石棉制品工

低风险 → 高风险

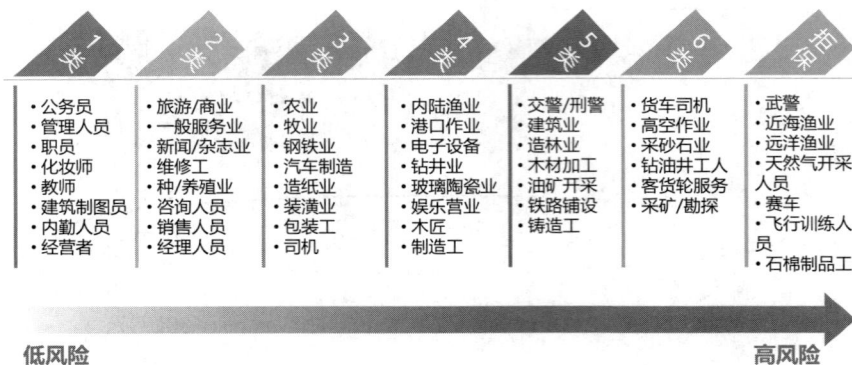

部分 1 ～ 6 类职业

一般 1 ～ 4 类职业是大多数意外险承保的职业范围；5 ～ 6 类职业属于高风险职业，有部分意外险可保，这类人群可以咨询专业的保险代理人或者经纪人，不要随意购买。

如果投保后职业类别有变更，一定要及时告知保险公司，否则一旦出险，有可能面临打折赔付或者不赔付的后果。

（3）看清全残还是伤残

前面讲过意外险的残疾赔付，全面的有 10 级 281 项伤残标准，但并不是所有意外险都可以分级别赔付。有的意外险残疾保额听起来很高，跟身价一致，但是要求达到全残的级别才能赔付，并没有分级别的伤残赔付，这个保障就非常狭窄，因为一旦发生意外，伤残的概率肯定高于全残的概率。

伤残和全残，一字之差，可谓天差地别。

目前市面上比较热销的"百万行"之类的交通意外险基本都只包含全残责任，购买了的人自己要清楚，没买的大可绕开了。

（4）看清医疗险的赔付范围和免赔额

发生意外，无论是身故、伤残，还是仅仅受伤，都有可能面临医疗费用的支出。大多数意外险要么包含意外医疗，要么投保时可以附加意外医疗。

不管是附加的意外医疗还是本身就包含的医疗责任，都会设定报销的范围和免赔额。比如有的规定是"免赔额 100 元，剩余合理费用在限额内 100% 报销"。所谓合理费用是什么费用呢？在条款里面会进一步说明是符合当地社会保险报销范围内的费用。也就是说，社保能报的，这个才能报，对于社保不能报销的自费药以及半自费药，是不能报销的。所以，不要被"100% 报销"所迷惑。

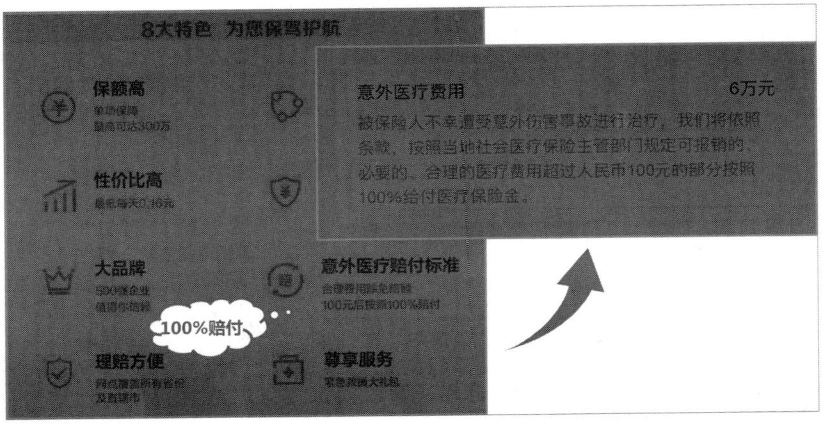

此 100% 并不是想象中的 100%

（5）意外险不理赔的"意外情况"

个体食物中毒。食物中毒是由于食物中的细菌或者毒素侵害了身体造成的伤害，而且食物中毒也跟个人的体质相关，同样的食物，有的人吃了没事，有的人吃了却有问题。不过，3 人以上的集体食物中毒会被视为意外事故。

普通摔倒死亡。这是乍一听都不能理解的事情，摔倒明明就是意外，为什么会不赔。举个例子，走路不小心崴了一下脚，摔到地上，普通人可能一点事情没有或者擦破皮，稍微严重一点也顶多摔个骨折之类的，不会出现摔一跤就摔死了的情况。所以在意外理赔中，有一个原则叫"近因原则"，一连串的因素导致被保险人死亡，则以最近起决定性作用的因素作为判定标准。所以，比如这个人身体本来就有问题，摔倒诱发了他本身存在的疾病，然后疾病导致了死亡，因此不属于意外死亡。

高原反应。比如常见的"西藏旅游"，因为高原缺氧有可能会导致高原反应，这个是可以提前预见的，反应的程度轻重也因人而异，跟个人体质有关。所以高原反应不属于意外事故。

高风险活动。高风险活动的意外风险很高，比如极限运动、赛车等，因为风险太高，参与活动的人也能意识到风险的存在，保险公司也是盈利机构，如果发生风险的概率太高，已经没有太大的风险分散意义，无利可盈，自然可以不经营这块领域。

No.35
个人意外险应该怎么买

意外险是很多人的第一张保单，但是大多数人都买得懵懵懂懂。比如因为人情原因购买了一张意外卡，但是保什么完全不清楚；或者因为听别人说某某保险多么划算，也跟风买了一份，结果根本不是想的那么回事。

那么，个人意外险到底应该怎么买才合适呢？先来看一组数据。

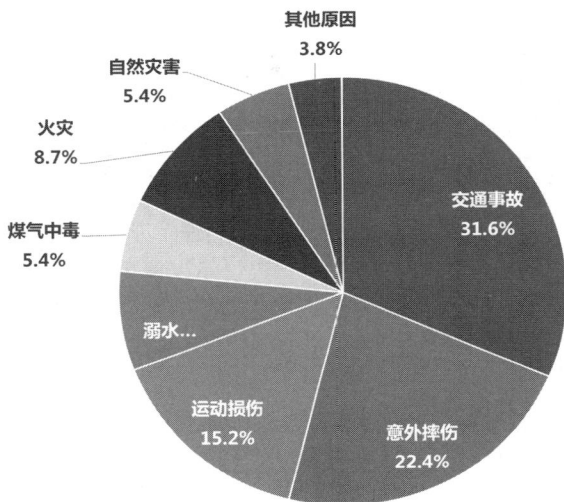

意外理赔数据统计

- 其他原因 3.8%
- 自然灾害 5.4%
- 火灾 8.7%
- 煤气中毒 5.4%
- 溺水…
- 运动损伤 15.2%
- 意外摔伤 22.4%
- 交通事故 31.6%

意外理赔数据统计

从数据中可以看出，意外理赔的各种情况都有，交通事故占比最大。

（1）先买综合性意外险，再买碎片化意外险

如果一个人要发生意外，那么到底会发生什么样的意外是无法预测的。既可能会发生常见的交通意外，也可能会发生概率非常小的意外事件，所以买意外险首先要买综合性意外险，保所有意外情况。这样才不会存在"死的方式不对而导致不能赔付"的情况。

买了综合性意外险后，可以根据自己的情况添加碎片化意外险，比如经常自驾车出行，可以添加专门保驾车意外的保险，不但保费低而且保额还高，拉高特定意外的保额。再比如自己所住的地区发生地震、泥石流等的概率要大一些，可以添加专门保自然灾害的意外险等。

先买综合意外险，再考虑碎片化意外险

（2）买短期消费型意外险

意外险对于被保险人没有特别的要求，价格与年龄变化的关系也不大，所以早买晚买对于成本和保险内容来讲都没有多大区别。

因此，购买意外险最好购买短期消费型的意外险。但银保渠道电话销售的意外险，千万不要购买，目前这些渠道的意外险都是属于返还型的长期意外险，返还利息并不高，而且保额低。虽然听起来一个月缴费几百元并不多，但是一年也近万元的保费，而且保障单一，还长期占用资金，使得被保人在想要配置重疾险等其他健康险的时候倍感缴费压力。

（3）搭配意外医疗责任

发生意外情况，只要没当场死亡，都需要及时就医，所以一定要有意外医疗保障。而且要注意的是，意外医疗报销的免赔额以及用药限制问题，包含自费药和进口药的才能得到更好的保障。

注意，如果购买过住院医疗保险，而且保额足够，就可以在买意外险的时候不用考虑意外医疗。因为这样的保险除了包含疾病住院，也包含意外住院，所以，即使买了，也不能重复报销。

当然，如果有意外门诊责任或者意外住院津贴的，可以根据自己的需求添加。

总之，无论是附加在意外险中的意外医疗责任还是其他保单中的医疗险，只要意外医疗可以足额报销就行。

（4）注意及时续保

因为建议意外险购买消费型的短期险，一年一交，且如果及时续保，除了第一年可能有比较短暂的等待期，余后都无等待期。

但如果不及时续保，不仅会处于意外险"脱保"状态，而且再次投保也要重新计算等待期。

因此，一定要记住自己的投保日期，在第二年保单到期之前及时续保，让保障延续。

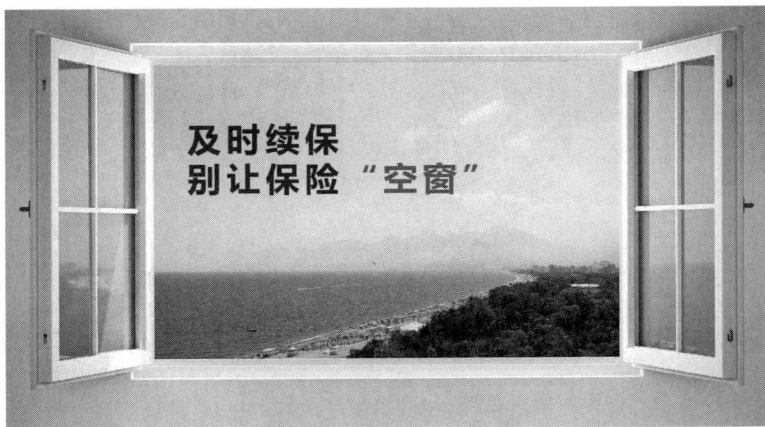

及时续保，别让保险"空窗"

No.36

老人和小孩怎么买意外险

有很多人意识到保险的必要性可能是因为家中日渐年长的老人身体每况愈下，也可能是因为对孩子的关心和保护欲。总之，老人和孩子，这两大分别处于生命两头的群体，是很多年轻人想要为其购买保险的对象。那么老年人和小孩要怎么购买意外险呢？

（1）老年人怎么买意外险

首先，老年人由于年长体弱，生活自理能力和反应能力都开始下降，因此发生意外的概率也比较大，尤其是意外摔倒等。

老年人需要意外伤害保险保障

因为老年人发生意外的风险比较高，所以大多数综合性意外险都将最高承保年龄设置在了60岁，最高不会高于75岁，所以，老年买意外险，首先要关注承保年龄。某些保险公司会不定时推出一些打着"内部福利""员工及亲属专享"等名号的短期保险，这些保险在对老年人的意外保障中，年龄限制可能比较宽松，甚至没有年龄限制。所以，如果确实年龄较大且没有合适的保险可选，可以告诉身边的代理人及时分享一下这方面的保险上市信息。

其次，因为对老年人来说某些意外属于高发意外，比如摔跤、骨折、走失和残疾等。所以在购买意外险的时候，一定要看清楚是否包含了这些高发意外责任。现在市面上有专门针对老年人骨折、走失的意外险，以及残疾陪护险等，在经济允许的情况下，可以考虑加强这方面的保障。

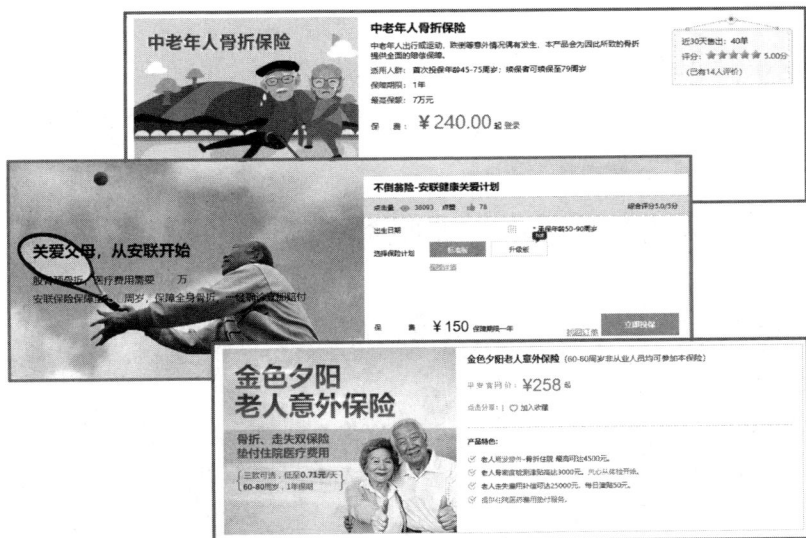

各种各样的老年人意外保险

建议老年人买意外保险仍然与前面讲解的原则一致，买保障期限为一年期的消费型保险。这些保险可以自行在网上搜索，看清条款要求，可以直接投保。

有的保险公司也会不定期地推出一些意外卡单，比如"孝心卡""平安卡"等。有的卡式保险性价比也很高，但是这些保险基本上只在线下代理人渠道销售，所以可以多咨询一下身边的代理人。

最后，老年人的意外险一定要有意外医疗保障，当然，如果有其他医疗险包含了足够额度的意外医疗责任，可以不用在意外险中附加医疗险。

（2）小孩怎么买意外险

除了老人，小孩子也是容易发生意外的一个群体，他们活泼好动，但是没有足够的自我保护意识和安全意识。据统计数据显示，意外是导致儿童身故的首要因素。

在中国，意外伤害占儿童死因总数的 26.1%，而且该数字还在以每年 7% ~ 10% 的速度增长。每一个数字的背后都是一个鲜活灿烂的生命，都是一个家庭幸福与希望的陨落。

在中国，意外伤害是0-14岁儿童的首要死因

约150名 / 每天　　约5万名 / 每年

在中国，每天约 150 名儿童死于意外伤害

导致儿童意外死亡的首要因素是溺水，尤其是夏季暑假期间，每每不经意间都能在新闻中看到几例；其次是车祸；然后是高空坠落、食物中毒等。

其中，溺水、车祸等多发生于郊区；高空坠落、食物中毒等则多发生于城区。

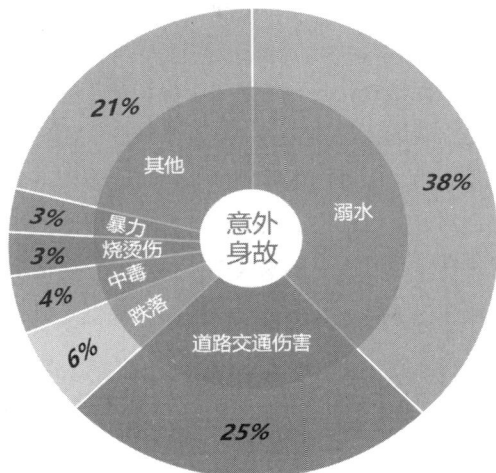

儿童意外死亡原因占比

因事故发生的频繁性，广大家长们在购买儿童保险的时候，也颇有主动意识地会想到购买意外险，但是儿童的意外险却有一些讲究。

首先，儿童的人生风险保额是有限制的，也就是说儿童的所有保险中，以死亡为给付条件的保额加起来不能超过限定的额度，当然，这其中就包括意外险的保额。

0-10岁
未满10周岁的儿童死亡保险金额上限为**20万元**

11-18岁
已满10周岁但未满18周岁的儿童死亡保险金额上限为
50万元

银保监会对未成年人人生风险保额的规定

保险加油站

对未成年人的风险保额进行限定，是为了保护孩子的权益，降低道德风险的发生。这不仅仅是在我国，许多西方国家亦是如此。而且保险在中国属于舶来品，很多规则也是引用了国外的保险制度。由于儿童不是家庭的经济支柱，所以儿童的死亡不会对家庭经济造成巨大经济影响。因此，从现实情况来看，儿童确实不需要身价保障。其次，对未成年人投保，一切都是其监护人做主，在利益的驱使下，道德风险就提升了，所以限制保额也是很有道理的。

所以，在为孩子购买意外险的时候，要关注一下保额的限定。但是现实中有一种情况是，万一发生意外导致孩子残疾呢？孩子可能还有很长的一生，如果带残，需要的康复和照料费用将没有上限，所以，高额的残疾保障是很有必要的。

但一般残疾保额是跟身故保额挂钩的，要想提高残疾保额，就得买足够的意外身故保额，但是身故保额有限定。鉴于此，可以这样购买，在不同公司购买多份意外险，一旦发生意外身故，那就只赔其中一份或者几份的保额，超过限额的不赔；但是如果发生意外致残，则所有保单都按残疾等级对应的比例赔付，这样就拉高了残疾保额。

保单一：
意外保额
20万

保单三：
意外保额
20万

保单二：
意外保额
20万

保单四：
意外保额
20万

如此，便有残疾保额80万，至于多余的身价保额，浪费就浪费吧，反正孩子的身价不重要

通过保单叠加的方式拉高残疾保额

除了注意保额的限定，在购买儿童意外险的时候，可以尽量选择包含有门诊医疗责任的意外险。除此之外，由于儿童自理能力和配合度较差，一旦入院，父母必得丢下工作照顾孩子。所以，在购买儿童意外险的时候，加上意外津贴是比较实用的。

另外，由于寒暑假是儿童意外的高发时期，所以现在有的儿童意外险在寒暑假期间保障会翻倍，选择这样的保险更切合实际需求。

加强寒暑假期间的保障

No.37
超短期意外险让出行更多一层保障

如果说常规性的意外险是给我们穿上了一层保暖衣，那么一些超短期的意外险可以说是临时给我们加了一件小马甲。虽然不会一直穿着，但是却能应对短期内的小意外。

（1）外出游玩，可以购买旅游意外险

想来一场说走就走的旅行，可以根据出行的交通工具、目的地的地理情况、出行天数和人数等购买一份旅行保险。发生万一时，可以更加从容地应对。

境内旅游保险

关注出行人士
专门为短期旅行、出差、探亲人群设计

保障服务贴心
关注您在旅行途中的意外风险及交通风险，特别提供急性病医疗保障

优惠 老客户8折

—— 保障范围 ——

突发急性病身故	2万
旅行综合医疗	2万
旅行意外伤害	10万
列车、轮船意外伤害	20万
汽车意外伤害	20万
民航班机意外伤害	40万

境外旅游保险

出国旅游、公干、探亲全面保障

专享超过100万保障

三款任君选择
亚洲、申根、全球，三款套餐任君选择

满足签证要求
中英文互译保单，符合申根签证要求（申根，全球）提示：电子保单彩色激光打印后可用于办理签证（具体以使馆要求为准）

优惠 老客户8折

—— 保障范围 ——

意外身故残疾/突发急性病身故	10万/10万
公共交通意外（飞机、火车、汽车）伤害身故	各10万

超短期旅行意外险

超短期的意外险很便宜，一般就几元钱到几十元不等，购买的时候注意看清楚保障内容，根据旅途的特点和可能发生的意外情况进行针对性选择。特别需要注意的是，投保时一定要设置好保障的时间，要完全覆盖到出行的时间段。

（2）自驾游惬意，别忘了购买自驾游保险

车辆的普及给人们带来方便的同时，也带来了更多的交通意外事故。为了旅途的方便与自在，很多人会选择自驾游甚至组团自驾游。由于自驾的路途一般都不熟悉，有的甚至要去路况很不好的偏远地带，

这无疑加大了风险发生的可能性。

因此，出发之前，可以在网上购买一份自驾游保险，虽然它不能避免风险的发生，但是却能在意外发生之后多一道援助之力。

安联畅享自驾(境内版)	Allianz Ⓘ 安联保险集团
☆收藏　十添加	
赠送救援服务，节假日额外补偿	
年龄：18周岁-70周岁	职业承保：1-2类
保障期限：1天-1年	限购份数：1份
◉ 保障计划　　计划一　计划二　计划三	
◉ 保障期限　　2天	
保障责任　　计划一 ∨	
自驾车意外身故及伤残	10万
自驾车意外伤害节假日补偿	10万
自驾车意外医疗(免赔额100元、100%赔付)	5000元
紧急拖车服务(50公里为限)	包含
路边快修服务	包含
价格：10.00元	⋖分享产品　购买

平安自驾游保险 国内
为自驾出行度身定制的保障

⬥ 自驾出行保障多
承保自驾游期间的各种意外和突发急性病等多重保障
⬥ 紧急救援服务佳
24小时全国紧急救援服务，让您安心出游。

—— 保障范围 ——	
驾乘意外伤害	10万
突发急性病身故	2万
旅行综合医疗	2万
旅行意外伤害	10万
驾乘意外医疗	1万
咨询　保费 7元	立即投保

常见的自驾游保险

需要特别注意的是，很多自驾游保险只是针对被保人本人，并不包含车内的其他人。所以，在买保险的时候，看清楚保障责任，给每个同行的人都购买一份保险。

（3）空中飞人，可以增加一份航意险

保险公司的航意险非常便宜，因为飞机事故概率并不高，而且保障期限也短。保险公司推出这类产品其实最主要的目的是增加客户黏性，收集客户信息。但是这仍然不影响该保险本身还是具有一定的价值和适用性。

所以，如果你近期有乘坐飞机出行的计划，比如出差、旅行或办事等，虽然购买机票时有购买保险，但是自己也可以多买一份。虽然飞机很少出事，但一出事基本上就是严重事故，多一份意外险，实则是多给自己的家庭一份保障。

高额航意险

如果购买的保障期限为几天的短期航意险，意即在这几天之内，不管坐多少次飞机都是在保障范围内，所以针对一般短期出行，几天之内往返，购买一次航意险即可。

短期意外险很多，只要生活和工作中有可能存在风险的时候，基本都有对应的保险产品，用好这些产品，可以多一份保障。

寿险　＋　身价　传承　自杀　＋　定寿　终身寿

＋　高额　护航　责任　受益　＋　倒挂　爱　＋

第 **5** 章

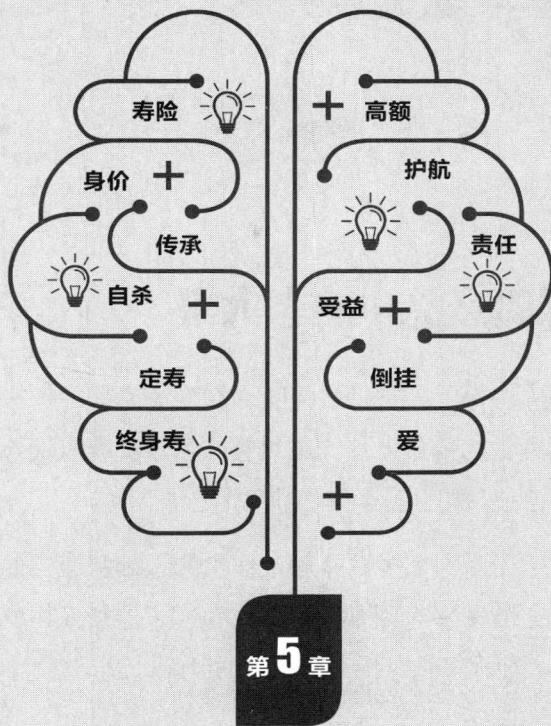

寿险，爱与责任的体现

　　都说生命无价，但是在保险中，生命却是有价格的，那就是寿险保额所对应的身价。当被保险人死后，保险公司会给受益人一笔钱，所以，寿险对应的被保人自己不能获益。但是这样一个保死不保生的保险，却是当今保险市场上的主流险种且广受客户认可。那么，寿险到底该怎么买？哪些人适合买寿险呢？本章将详细讲解。

No.38

寿险，保险产品中的老大哥

寿险，即人寿保险，它以被保险人的寿命为保险标的，以被保险人的生存或者死亡为给付条件。虽然它的名号没有重疾险、意外险那么如雷贯耳，但是它却是当今保险产品中的老大哥。

为什么这么说呢？大多数接触过保险的人都知道，很多组合型的保险是以一个主险＋多个附加险的形式存在，这样来构成一份保障相对全面的保险。而大多数时候充当主险的产品，就是寿险。

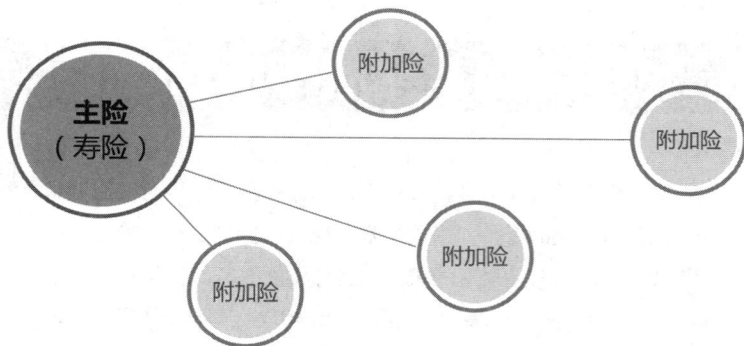

以寿险作为主险的保障存在方式

因为以主险＋多个附加险的方式存在，所以在购买的时候，就不能只买附加险而不买主险。只买主险而不买附加险在现有规则上倒是完全可行的。

我们常见的传统重疾险，大多数也是寿险＋重疾的方式存在，合二为一组成一份含有身故责任的重疾险。

您投保的保险产品计划				
产品名称	基本保险金额/份数	保险期间	首年保险费	交费年期
平█平████身寿险	300000元	终身	5460.00	20年
平█附加平█████前给付重大疾病保险	280000元	终身	3528.00	20年
平█附加豁免保险费（C19）重大疾病保险	--	同████9	11.32	19年
			首年保险费总计：8999.32元	

寿险作为传统重疾险的主险

所以，在保险产品库中，寿险是一种基本险，能够单独投保，通常指被保险人的身价。

既然作为主险，它有什么"主导"地位呢？

在一份既有主险又有附加险的合同中，合同存在且有效的前提条件之一就是"主险"有效。主险在，整份合同都全部或者部分有效，主险不在，则整份合同终止。

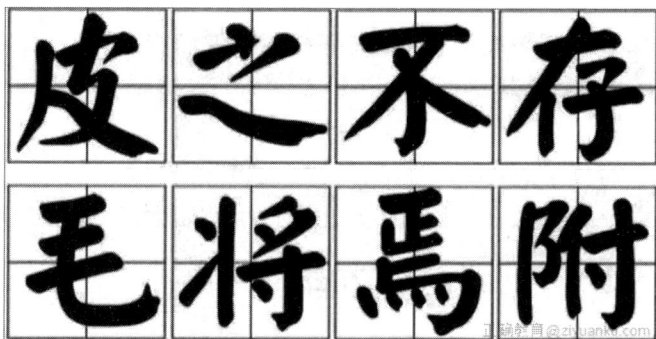

主险好比是皮，附加险好比是毛

因为主险与附加险有这种"皮之不存，毛将焉附"的关系，所以，寿险作为主险也是很有道理的。那么在什么情况下主险会不在了呢？最大的可能当然是发生了赔付，而寿险通常赔付的是身价，即被保险人的身故保额。当被保险人身故，合同全部终止也是理所应当的。

在主险有效的情况下，附加险可能全部有效也可能部分有效

既然附加险的效力和寿险这一主险的效力密切相关，那么缴费也是一样。通常来讲，主险缴费时间为多少年，原则上附加险也可以缴费多少年，除非被保险人中途因为某种原因不满足附加险的续保条件。所以，如果一份保险里面有多个附加险，为了尽可能保证附加险效力存续的时间较长，那就尽量保证主险不要失效。比如，不要和重疾做成相等的额度。

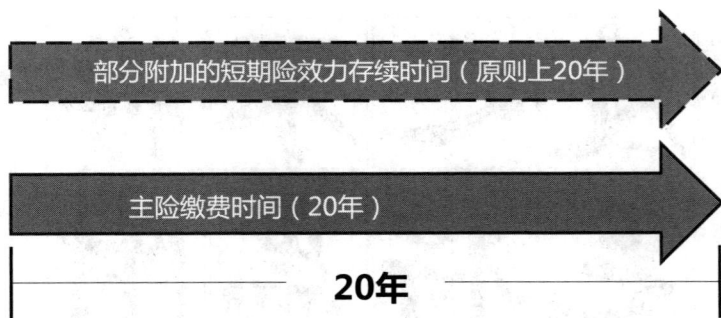

部分附加的短期险效力存续时间（原则上20年）

主险缴费时间（20年）

20年

部分附加险效力存续的时间最长为主险缴费时间

因此，寿险本身在保险中可能是最不容易被大众想到的需求或者甚至很多人并不认可这样的保险，但是它却是保险产品的核心和基本，也是保险销售话语中常说的"爱的延续""责任的体现"。

No.39
寿险的分类和意义

　　因为寿险是将人的生命作为投保标的，而无论生死，人生都会面临各种不同的情况，因此，寿险也有其不同的类别。各种类别有其共同的意义，也有其各自侧重的作用。

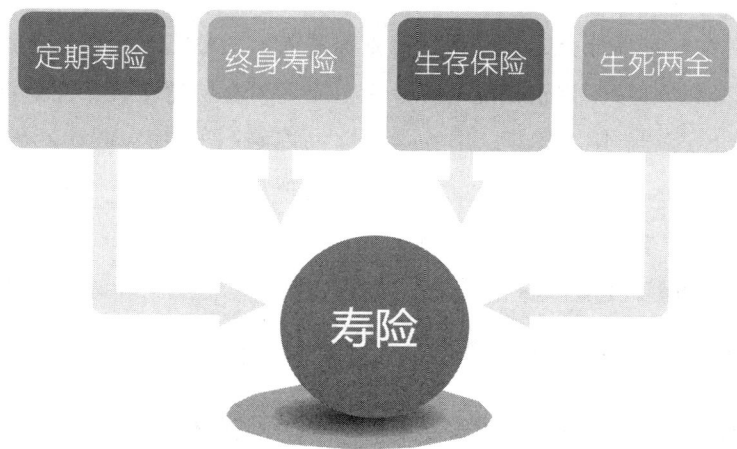

定期寿险	终身寿险	生存保险	生死两全

寿险

寿险的一般分类

◆　**定期寿险**：字面意思就是保障时间为约定的年限或者约定的某个年龄，在这个约定的期间内被保险人发生身故，则按合同赔付保险金；如果保险期间内被保险人未发生身故，保险公司无须支付保险金，而且也不退还保险费。因此，定期寿险的价格很便宜，适合经济水平较低、某个阶段从事的工作危险性较高或者承担的经济责任较大的人群。

◆　**终身寿险**：是最常见的寿险，保险期间直到被保险人身故才终止。由于人的死亡是必然会发生的事情，因此，终身寿险也是必然会发生赔付的保险，保险的受益者为被保险人指定的受益人或者法定的继承人。终身寿险保障时间长，而且早晚都要赔，所以其费用也是比较高昂的，当然，终身寿险有现金价值，也兼有储蓄的功能。

◆ **生存保险**：指被保险人必须生存到保单规定的年限或者年龄才能够领取保险金，如果在此之前身故，则不能领取保险金，也不能拿回已交保费。这类保险目前并不多。

◆ **生死两全**：生死两全可以说是定期寿险和生存保险的合体，既管死亡又管生存。保障内容通常为在保险期间内发生身故，则赔付保险金；如果到保险期间届满时仍然生存，则退还保险费或者按一定倍数退还保险费。生死两全险通常被保险公司包装为"有事儿管事，没事儿存钱""保额是你的，保费还是你的"等。在所有寿险中，生死两全险价格是最高的。一般来说，生死两全保险的主险名称中都含有"两全"二字。

投、被保人信息（投、被保险人为同一人）				
对象	姓名	年龄	性别	职业类别
被保险人	老王	30岁	男	1类职业

您投保的保险产品计划				
产品名称	基本保险金额/份数	保险期间	首年保险费	交费年期
福满分两全保险	500000元	至80岁	3950.00	20年
附加福满分提前给付重大疾病保险	500000元	至80岁	9250.00	20年
附加轻症30豁免保险费（C18）疾病保险	--	同福满分	157.74	19年
			首年保险费总计：13357.74元	

某公司推出的以生死两全寿险作为主险的重疾险

无论是哪种类别的寿险，只要是寿险，都属于具有保障本质的保险。无论是对于被保险人本人还是其家庭，都有很重要的保障意义。

（1）具有延续未尽责任的意义

一个人的离去，有可能是短时间的，也有可能经过了长时间的痛苦过程无论哪一种离去，所谓"死去元知万事空"，痛苦的是活着的家人，家人在痛失至亲之后，仍然需要快速恢复生产力继续好好生活下去，这就离不开经济支撑。尤其是家里的经济支柱骤然离去的话，整个家庭都将陷入崩溃边缘。所以，身故后给家人留下一笔保险金，也是延续自己未尽完的爱与责任，这也是寿险最重要的意义。

（2）具有财富传承的意义

在现有的社会观念里面，大多数人还是会将自己创造的财富留给下一代。而寿险就是传承财富的一种非常可靠的方式。身故后，保险公司将保险金赔付给受益人，实现财富的传承。

寿险，稳稳当当的财富传承方式

（3）具有减少家庭矛盾纠纷的作用

这一作用是从上面的财富传承上延伸出来的，现实中，有很多家庭关系比较复杂，比如组合家庭。由于人性的复杂与贪婪，所以社会中也不乏家庭成员上演遗产争夺大战的戏码。其实无论怎么争夺，受伤害的应该都属于家庭中的弱势群体，比如孩子。所以，如果家庭顶梁柱在生前就将部分寿险的受益人指定给某个人，这样可以有效减少离去后家庭可能会发生的纠纷，就算不能完全避免，起码也保护到了自己最想保护的人。

寿险具有减少遗产纠纷，保护最想保护的人的作用

（4）具有家庭财务规划和储蓄作用

人寿保险，尤其是终身人寿和生死两全保险，都具有现金价值和必然发生赔付的特点。因此，拿出家庭中可支配的一部分钱给家庭建立保障兜底的同时，也兼具储蓄的作用。在承担每年缴纳保费压力的时候，不知不觉，钱就存下来了。

（5）具有资产隔离的作用

很多保险代理人在向客户推荐人寿保险的时候，尤其是做生意的客户，都会说到保险具有"避债""避税"功能，尤其是超高净值人群也特别重视这方面的作用。是否真如保险营销话语中说的那样，人寿保险可以起到资产安全隔离的作用呢？这还需要具体问题具体分析，在过往的一些案例中，保险作为被执行人的财产进行强制执行的案例也不少见。当然，保险有效保护了受益人领取保险金的权益，与被执行人的债务实现了隔离的案例也有。

因此，如果想用人寿保险实现资产隔离，一定要请专业的律师进行分析，在投保人、被保人和受益人的设置上也有讲究。不要听信保险营销的浅显之词。当然，如果是出于恶意避债的目的，是行不通的。

保险营销通常对高净值人群讲的寿险的作用

无论寿险具有多少种意义，其最本质的意义还是保障，保障一个家庭可能会面临的最大经济崩塌风险，保护家庭人心安稳。

所以，如果还有别的意义，那也是针对不同的客户情况而言，满足个性客户的不同需求，当然这些都建立在合法的基础之上。

不同人群应该怎么购买寿险

对于普通的定期或者终身寿险来说，都可以理解为被保险人给家人留下的经济抚慰。所以，在现实的保险营销中，保险代理人在销售的时候，会大打感情牌进行购买引导。因此，很多家庭情况迥异的人可能买的是同样的寿险，甚至同样的保额。

实际上，针对寿险这一保险责任非常简单的保险，不同的人群应有不同的产品配置。

（1）儿童

儿童是比较特殊的群体，最没有自我保护能力，也是每个家庭急于想要保护的中心。所以，很多人在给孩子买保险的时候，力求全面无死角。但是单就寿险而言，儿童因为不承担家庭经济责任，所以理论上是不用购买寿险的。

其实，论及父母对孩子的最大心愿，莫过于"平安"二字

但是，因为养育儿童也付出了很多经济上的成本，而且如果真的中途夭折，且不说夭折的过程有没有可能耗尽家财，单单是对家人精

神和情感上的打击可能永远也无法弥补。因此，如果想尽可能保持现有家庭经济水平，给儿童购买一定寿险也是可行的。试想一下，如果一个孩子身故，一份保险退还保费，另一份保险赔付保额，感受还是大不一样的。只是，寿险对儿童来说不是首要考虑的。

当然，给儿童购买寿险的时候，仍然要注意银保监会对未成年人人生风险限额的规定，即 10 岁以下的儿童死亡保额不能超过 20 万元。所以，购买时，将家里的意外险、重疾险等盘点一下，不要超出限额。

某保险公司客户江女士，喜得爱子之后很想给孩子购买一份保险，其客户经理从专业的角度向其推荐重疾＋寿险＋医疗险的组合保障方案，虽然一开始江女士非常坚持要买教育金类的年金型保险，但最后还是听取了客户经理的建议，花了 6 000 元购买了一份保障型保险。

很不幸的是，孩子还没满一岁的时候，却得了急性白血病，因为孩子尚在襁褓中，经过短时间的治疗，孩子就不幸夭折了，而此时，保险公司已将重疾险的 80 万元＋身价的 20 万元理赔款打入江女士的账户。这 100 万元钱虽然有 80 万元是重疾赔款，但此时却俨然已变成了身价赔款，江女士万分悲痛的同时，却也很庆幸自己购买了这样一份保险，因此，她还主动送上锦旗向保险公司和她的客户经理表达谢意。

从这个案例中可以看出，无论是谁的离去，哪怕是不承担任何家庭责任的孩子，有身故赔款都比没有赔款能聊以抚慰家人的哀痛。

（2）青年

青年时期，单身，处在学业将成或者初入社会的阶段，此时，一人吃饱、全家不饿。对于身价这样遥远的东西，似乎是根本是不用考虑的事情。

但是，二十几岁的青年，父母都在四五十岁左右，如果真有什么不能承受的风险，莫过于"白发人送黑发人"，所以，青年阶段，尤其是独生子女，虽然自己本身没有什么负担，而且这个时候事业也尚未稳定，收入不高，但是寿险方面，可以考虑购买便宜的消费型的定期寿险，如果真有什么不测，父母也能老有所依。

（3）中年

中年群体是最有保险意识也是最有购买能力的群体，因此也是购买保险的主力军。中年时期，上有老下有小，很多人还需要供房供车，工作压力大，因此，中年人买寿险是很有必要的。

如果经济基础较好，可以购买额度较高的终身寿险，再搭配一些生死两全保险作为养老补充，这样可以把暂时宽裕的钱挪出一部分留到以后去用。

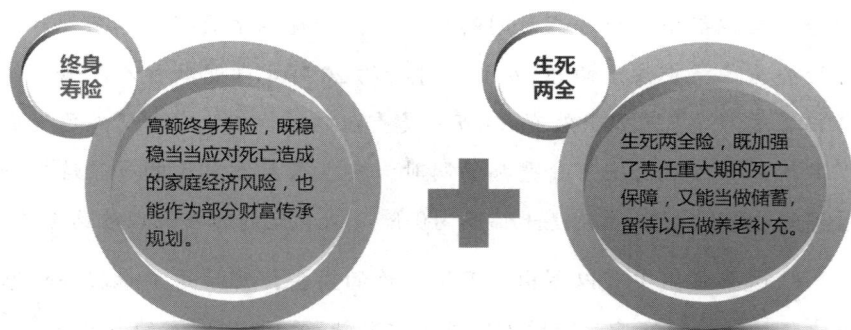

终身寿险

高额终身寿险，既稳稳当当应对死亡造成的家庭经济风险，也能作为部分财富传承规划。

生死两全

生死两全险，既加强了责任重大期的死亡保障，又能当做储蓄，留待以后做养老补充。

高净值人群购买寿险的方案

如果是一般工薪阶层呢？这部分人群在购买寿险的时候就不能一味追求返本、储蓄等需求，而应该看重其保障功能。尤其是对于家里的经济支柱而言，因为一般工薪阶层养家的压力巨大，所以要力求用最少的钱解决最大的问题。本着这个重要的原则，所以建议选择适当额度的终身寿险，再加上消费型的定期寿险即可，定期寿险的年限可以是供房贷的年限，也可以是子女成年独立自主大概还需要的年限，确保责任重大期的保障充足，但是又不会造成缴费压力。

一般工薪阶层经济支柱的寿险搭配方案

关于经济支柱寿险的购买额度，可以参考第二章中"买合适的保额"内容，尽量能够覆盖到房贷、车贷和子女未来刚性教育所需的总额。

如果不是经济支柱，比如丈夫和妻子都有收入，而且这两份收入对家庭的支撑都是缺一不可的，那么就按照各自对家庭经济大概承担的比例乘以未来 30 年或者到退休之前必须要花的钱的总额即可。

王先生和李女士是夫妻，他们是一个幸福的小三口之家，俩人都在国企里面上着相对稳定的班，拿着固定薪水，王先生月薪 6 000 元，李女士月薪 5 000 元。他们目前供有一套按揭房，贷款 40 万元，还款时间 20 年，还养育了一个孩子，刚满两岁，他们所在的城市的教育费用平均两万元一年，目前他们基本生活月支出大概 3 000 元，每年要给父母 5 000 元的零用钱。所以如果算到孩子独立成家，大概还需要 30 年左右，这 30 年的基本支出就是房贷 40 万元 + 子女教育 40 万元（两万元一年，22 岁大学毕业，暂不考虑读硕士、博士、出国等需求）+ 基本生活支出 108 万元 + 父母零花钱 15 万元 = 203 万元。

按照王先生和李女士的收入对家庭经济承担的比例，王先生大约承担 55% 的经济责任，李女士承担 45% 的责任，所以王先生的寿险总保额为 203×55%=112（万元）比较合适，李女士的寿险总保额为 91

万元较为合理。

敬呈 老王 先生的专属投保方案

👤 投保人

　　老王 先生　　　男　　　30岁

👤 被保人

　　老王 先生　　　男　　　30岁

📄 产品信息

产品简称	保额/份数	交费期/保险期	首年保费
金▓▓17	50万	20年/终身	￥10,750

首年保费总计　　￥10,750

⌃ 返回顶部

💳 免体检、极速闪投！
💳 不影响免体检额度，轻松提"身价"！
💳 大数据智能核保！

// 保障范围 //

身故保险金　　　　　　　　　50万元

// 保费试算 //

被保人出生日期	1988年05月01日 ›
被保人性别	男　女
交费年期	10年　20年
所属区域	四川省成都市 ›
保额	50万元 ›

保费: 775元　　　　　　立即购买

同样额度的终身寿险和定期寿险的保费差别

很多人的意识里面不太能接受消费型的保险，但是消费型保险的杠杆作用巨大，缴费无压力，有很好的风险转嫁效果。消费一点钱，换来一份十足的保障和家庭的安稳，其实很好接受。

（4）家庭主妇

家庭主妇牺牲自己照顾家庭，对家庭的贡献非常大，但是论到经济贡献，几乎没有。所以从这个角度来看，家庭主妇可以不用购买寿险。如果丈夫收入较高，主妇们可以考虑购买生死两全型保险，给自己做一部分养老储备。当然，如果主妇们上有父母健在，且需要自己给予生活费用，那么这样的主妇可以购买适当额度的寿险。总之，是否购买，购买多少，看自己承担的责任多少和能拿出多少钱决定。

（5）老人

大多数寿险超过 60 岁就已经无法购买了，而且即使有的产品能够购买，也会要求体检，而老人的体检基本上都会有各种异常问题。所以，一般老年人也就不需要购买寿险了，合理规划现有收入进行适当储蓄，安安稳稳养老即可。

当然，如果是比较富有的老人，这时一定要考虑财富传承的问题，有的保险公司有专门的主打财富传承类的险种，比如想给子女留下 200 万元的现金，那么则可以购买 200 万元保额的财富传承类寿险。这样，既能够稳稳当当地给子女留钱，还能用上保险的杠杆作用，用 0.1 倍甚至更低的倍数换取高额的赔偿。

投、被保人信息（投、被保险人为同一人）				
对象	姓名	年龄	性别	职业类别
被保险人	老王	55岁	男	1类职业

您投保的保险产品计划				
产品名称	基本保险金额/份数	保险期间	首年保险费	交费年期
▇▇传世▇宝终身寿险	2000000元	终身	139200.00	10年
			首年保险费总计：139200.00元	

55 岁的老王购买 200 万元额度的某财富传承类寿险

No.41
当总保费大于保额，买还是不买呢？

很多人在买保险的时候，尤其是以终身寿险作为主险的重疾类险种，都会遇到一个问题，如果平平安安，到最后自然离世，赔偿的身故保额还没有自己这么多年所交的保费多，所以，这似乎是一桩赔钱的买卖，不划算。

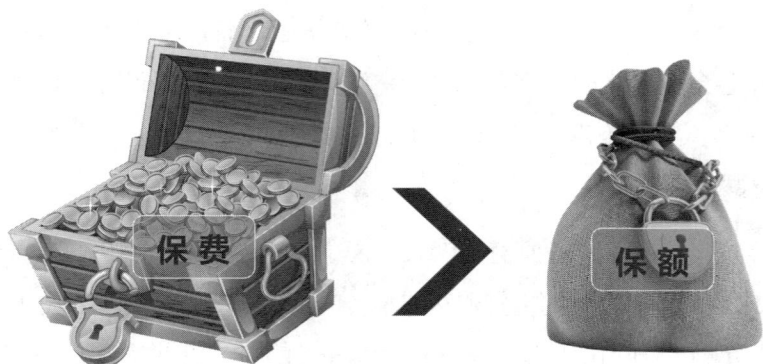

保费大于保额，保险营销俗称的保险"倒挂"

总保费大于保额，这个在年龄稍大的人群当中比较常见，尤其是
55 岁以上的人。对于年轻一些的人群，如果添加了各种消费型的附加险，
可能也会存在总保费大于寿险保额的情况。

投、被保人信息（投、被保险人为同一人）				
对象	姓名	年龄	性别	职业类别
被保险人	老王	54岁	男	1类职业

您投保的保险产品计划				
产品名称	基本保险金额/份数	保险期间	首年保险费	交费年期
■安金■■终身寿险(2017)	200000元	终身	7360.00	20年
■安附加金■■18Ⅱ提前给付重大疾病保险	200000元	终身	5040.00	20年
			首年保险费总计：12400.00元	

54 岁的老王预计总保费 248 000 元，但身故后只有 20 万元的赔款

通常来讲，单纯的寿险很难会有"倒挂"的情况，但是终身寿险
是以后稳稳当当能拿回的钱。在计算的时候，附加险的保费也算成了
寿险的成本，因而"牵连"了寿险。

首先需要明白一点的是，这种算法本身有一个假设性的前提，那
就是缴费期间内一定平安无事，这种假设本身就是不能成立的。如果

能确保接下来的 20 年左右都平安无事，那根本就不需要买保险，直接存起来，既灵活还划算。

但是，买保险本身就可能存在两种情况，对于普通的我们而言，希望各种情况都能让自己接受得心安理得。所以，出现"倒挂"的时候，买与不买，要看个人情况。

（1）经济宽裕、身体健康的人群

如果属于经济宽裕、身体健康的人群，交保费也没有多大压力，可以适当买点寿险，拥有身价，在某种程度上来讲，可以让老年生活更有尊严。因为就算一个健康的人，也终究会经历从失能到死亡的过程，这个过程需要家人照料，而如果有身价，可以让悉心照料的人成为受益人，让自己在失去自理能力之后，还能有价值，不用纯粹依靠家人的爱心、耐心及素养这些没有保障的因素。这个听起来很现实，但事实上就是如此。

拥有身价，可以在需要他人照料的阶段多了一些提出要求的底气

（2）经济宽裕、身体不健康的人群

首先，身体不健康未必买得到保险，但是如果通过保险公司核保，他们愿意承保的话，而且自己也交得起保费，那就一定要买，寿险可以少买，医疗险一定要有。因为不健康的身体可能随时都会出问题，趁还没有完全丧失投保资格的时候，能买就买。

（3）经济不宽裕的人群

对于经济不宽裕的人群，本来养老生活就已经稍显吃力，没有多的收入渠道，无论有没有倒挂，寿险都可以不用考虑了。如果确实能拿出一点钱规划保险，可以买一个很低额度的寿险，附加上医疗险即可。如果有单独销售的医疗险，那就更不用买寿险了。因为首先需要解决的是"万一生病，有钱治疗"的问题，而不是身价这种精神层面的问题。

No.42
挑选寿险最关键一点，比费率

很多人购买保险的时候很少单独买寿险，大都是以组合方式购买。但是也不乏购买了稍微全面的保障之后，因为经济基础的提高和保险意识的增强，想要提高身价保额的人。

但是保险公司那么多，寿险产品更多，各个保险代理人的说法和方案又不一致，到底该选哪一款呢？

很简单，因为寿险的保障责任很单一，条款简单，存在纠纷的可能性很小。所以挑选寿险的时候，最关键的一点是选择费率低的产品。

也就是说，同样的保额和保障责任，哪个便宜买哪个。

投、被保人信息（投、被保险人为同一人）				
对象	姓名	年龄	性别	职业类别
被保险人	老王	30岁	男	1类职业

您投保的保险产品计划				
产品名称	基本保险金额/份数	保险期间	首年保险费	交费年期
终身寿险(2017)	1000000元	终身	21500.00	20年
			首年保险费总计 21500.00元	

投、被保人信息（投、被保险人为同一人）				
对象	姓名	年龄	性别	职业类别
被保险人	老王	30岁	男	1类职业

您投保的保险产品计划				
产品名称	基本保险金额/份数	保险期间	首年保险费	交费年期
终身寿险	1000000元	终身	19800.00	20年
			首年保险费总计：19800.00元	

同样的保额比保费

有的人可能会认为，价格便宜的那款现金价值可能会低一些，事实上是不确定的，现金价值具体多少，每款保险各不相同。只是在买保险的时候，尤其是保障性质的保险，现金价值真的不是需要特别考虑的问题，因为一旦投保，就不要总想着某个时间要退保这种问题。

当然，事无绝对，人生如此漫长，未来会发生什么也不可预知。所以，退保也是有可能的，那么两款产品价格差不多的情况下，选择现金价值高的那款是可行的。

另外，如果产品价格相差不大，现价也差不多，该如何选择呢？

这就需要考虑长远一点了，因为寿险基本上都是作为主险存在，在购买了单纯的寿险之后，以后也可能因为各种原因需要一些附加险的保障利益。这个时候，有现成的主险在缴费，就可以直接在主险上面新增附加险，因此，遇到这种情况，可以比较哪家产品库更丰富，附加险更多样化，性价比更高等。

保险加油站

在产品的费率上，除了保险产品本身所参照的生命周期表、过往理赔数据、大数据和公司定价利率等，还有一个比较不容易被人想到的因素，那就是有的保险公司因为成立时间较早，早期开发的一些产品给客户的利率太高，而且是固定利率，比如 10% 这样的高利率，这在当时是非常正常的，但是放在现在，这就是很高的利率了。所以保险公司只能用现在的钱去弥补以前挖的"坑"，因此，有的保险产品也会有这方面的原因造成价格稍高。

很显然，这样的情况大多数存在于一些较老的公司，当然，这不是说哪家公司的产品不划算，客户当了"背锅侠"等。而是一个公司的发展、壮大、成熟以及日常运转都需要资金流转起来。新公司虽然少了些负担要背，但是新公司也免不了这样的发展历程，为了积累客户，尽最大限度让利，等到以后，由新的客户来帮忙一起填"坑"也是有可能的。

且用新土填旧坑

No.43

看清楚寿险的除外责任

　　无论什么保险，无论保障多么全面或者多么单一，都需要看清楚产品的除外责任，寿险也不例外。

　　寿险虽然简单，尤其是终身寿险，但是不是所有的身故方式都会赔的，也有几种不赔的情况。

❷ 我们不保什么
这部分讲的是我们不承担保险责任的情况。

2.1　责任免除

因下列情形之一导致被保险人身故的，我们不承担给付保险金的责任：
(1) 投保人对被保险人的故意杀害、故意伤害；
(2) 被保险人故意犯罪或者抗拒依法采取的刑事强制措施；
(3) 被保险人自本主险合同成立或者合同效力恢复之日起 2 年内自杀，但被保险人自杀时为无民事行为能力人的除外；
(4) 被保险人主动吸食或注射**毒品**？；
(5) 被保险人**酒后驾驶'机动车'**；
(6) 战争、军事冲突、暴乱或武装叛乱；
(7) 核爆炸、核辐射或核污染。
发生上述第 (1) 项情形导致被保险人身故的，本主险合同终止，我们向被保险人的继承人退还本主险合同的现金价值。
发生上述其他情形导致被保险人身故的，本主险合同终止，我们向您退还本主险合同的现金价值。

某终身寿险的除外责任条款

　　绝大多数寿险的身故责任都会排除毒品、酒驾、战争、核爆炸以及两年内自杀等情形。但是有的寿险产品，其除外责任可能会更多一些。

　　二、因下列情形之一导致被保险人身故的，我们不承担给付身故保险金的责任：
　　1. 投保人对被保险人的故意杀害、故意伤害；
　　2. 被保险人故意犯罪或者抗拒依法采取的刑事强制措施；
　　3. 被保险人自本合同成立或者合同效力恢复之日起 2 年内自杀，但被保险人自杀时为无民事行为能力人[21]的除外；
　　4. 被保险人主动吸食或注射毒品；
　　5. 被保险人酒后驾驶，无合法有效驾驶证驾驶，或驾驶无有效行驶证的机动车；
　　6. 战争、军事冲突、暴乱或武装叛乱；
　　7. 核爆炸、核辐射或核污染。
　　发生上述第 1 项情形导致被保险人身故的，本合同终止，您已交足 2 年以上保险费的，我们向其他权利

此款寿险还除外无证驾驶

上图这款寿险的除外责任除了前面讲到的几种情形，还增加了无证驾驶和驾驶行驶证无效的机动车等情形。至于这些行为具体会涉及哪些情况，合同里面也会详细解释。

[13]**酒后驾驶**：指经检测或鉴定，发生事故时车辆驾驶人员每百毫升血液中的酒精含量达到或超过一定的标准，公安机关交通管理部门依据《道路交通安全法》的规定认定为饮酒后驾驶或醉酒驾驶。

[14]**无合法有效驾驶证驾驶**：指下列情形之一：(1) 没有取得驾驶资格；(2) 驾驶与驾驶证准驾车型不相符合的车辆；(3) 持审验不合格的驾驶证驾驶；(4) 持学习驾驶证学习驾车时，无教练员随车指导，或不按指定时间、路线学习驾车。

[15]**无有效行驶证**：指发生保险事故时没有按照公安机关交通管理部门机动车登记制度的规定进行登记并领取机动车行驶证或者临时通行牌证等法定证件。包括下列情形之一：(1) 未办理行驶证或者行驶证在申办过程中的；(2) 机动车行驶证被依法注销登记的；(3) 未在行驶证检验有效期内依法按时进行或者未通过机动车安全技术检验的。

关于酒后驾驶、无合法有效行驶证驾驶及无有效行驶证等解释

因此，两相比较，前述第一款寿险的保障更加有优势。因为第二款多出来的除外责任实际上在现实生活中还是很可能存在的。

值得提出的一点是，如果被保险人在保单生效的两年后自杀导致身故，保险公司也会赔偿保险金。因为，以两年为等待期，将本来就有自杀倾向的人排除在外。而两年的时间，原本正常乐观的人也可能因为生活的变故导致其最后做出了极端行为，这样的情形就不存在所谓的骗保。

住院

医疗 +

报销

发票

理赔 +

免赔

补贴 +

消费

门槛

百万 +

续保

既往症 +

第 **6** 章

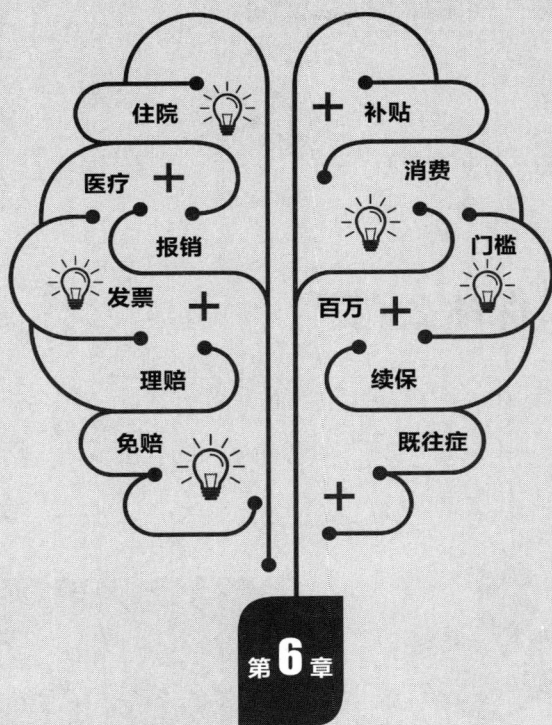

看病贵，医疗险让你住院安心

当今社会，看病贵、看病难是百姓心中的一大痛点，随随便便住一次院，可能几个月工资就没了，更别说一些严重的疾病。相对重疾险的条条款款，越来越多的人也比较青睐于医疗险的"住院就报"，尤其是保险在互联网上的普及让更多人意识到医疗险的重要，似乎有了它，住院就不是钱的事儿。

No.44

医疗险，保什么呢？

在保险术语中，医疗险也通常被称为健康险，顾名思义，它是保障人们的健康。不同于重疾险有病种范围的程度要求，医疗险基本可以做到"门诊和住院就保"。

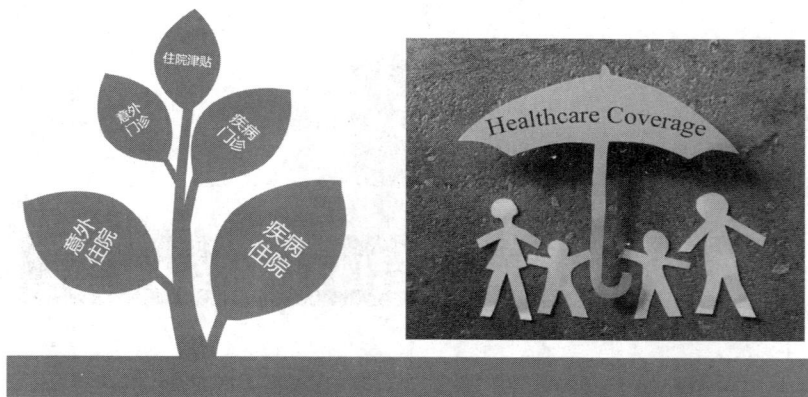

医疗险的保障范围

◆ **疾病住院**：这是绝大多数医疗险最大的一项保障责任，需要满足两个条件，一是疾病，二是为了治疗该疾病而进行了住院治疗。报销的范围包括住院期间的药品费、检查费、床位费和手术费等。

◆ **意外住院**：因为意外受伤导致的住院治疗，报销范围同疾病住院类似，同样包括住院期间的诊疗费、床位费和手术费等。

◆ **疾病门诊**：需要明白的是，绝大多数医疗险都不会包含单独的疾病门诊保障，有些医疗险包含住院前后某个时间段的因导致本次住院的疾病相同的门诊费用，或者包含某些慢性病门诊，比如门诊肾透析，放化疗等。几乎没有单独的门诊医疗险。

◆ **意外门诊**：绝大多数意外医疗险都包含此责任，也就是发生意外之后，并没有严重到需要住院，只是在门诊上做了治疗处理，也是可以报销的。

◆ **住院津贴**：因为疾病或者意外住院期间，保险公司给予被保险人每日一定额度的补贴，补贴的额度在购买时就会约定好，住院津贴与住院花费无关，只与住院天数有关。

因为医疗险的保障范围广，且现在由于食品、环境和天气等原因，人们发生小毛小病的概率也很高，医院永远都是人满为患的局面，所以医疗险也是保险公司每年每月理赔件数占比最高的险种。

以某保险公司某省分公司 2018 年 10 月的理赔数据为例，具体理赔件数如下。

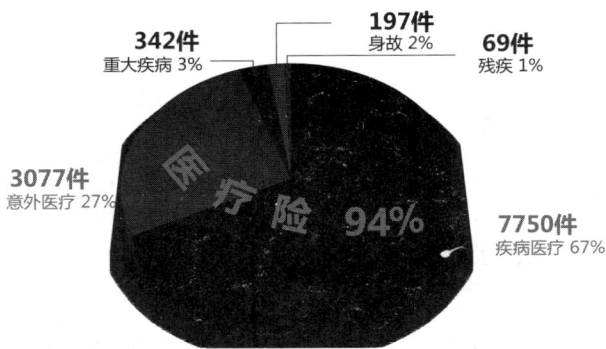

医疗险的理赔件数

从上图的理赔数据可以看出，当月该省分公司共赔付案件11435件，其中医疗险就有 10827 件，占比高达 94%。

所以，面对医疗风险这种高概率事件，医疗险确实"小有大用"。

No.45
别被迷惑，医疗险都是消费型

相信绝大多数人只要对保险稍有接触，都会了解到虽然医疗险看起来真的很便宜，而且是纯消费型的保险，有事就报销，但是平平安安保费也拿不回来。当然，还是有部分人信誓旦旦地说，"某某公司就给我说的他们的医疗险是返本的，白送的"。

在现实的保险营销中，大多数医疗险都是附加在主险上一起购买的，而有的主险本身具有分红或者年金性质，所以虽然附加的医疗险属于消费型。但是如果主险额度较高，其每年的分红或者返还的生存金差不多就跟附加的医疗险的保费相当，这就造成了一个假象"医疗险是返本的"。

老王 先生	男	30岁
😊 被保人		
老王 先生	男	30岁
🌐 产品信息		

产品简称	保额/份数	交费期/保险期	首年保费
■利17Ⅱ	2万	20年/至80岁	¥3,420
附加医疗险			
住院■	10份	1年/1年	¥200
住院■	2份	1年/1年	¥403.5

被保险人80岁时	累计保费	**85196 元**
	当年生存金	41200 元
	现金价值(退保金)	40000 元
	意外身故金	68400 元
	疾病身故金	68400 元
	累计生存金	95200 元
⊝	生存总利益(中档分红)	153712 元
⊝	意外身故总利益(中档分红)	180912 元
⊝	疾病身故总利益(中档分红)	180912 元
⊖ 第50保单年度: 被保险人80 岁		⊕

老王购买的一份看似免费的医疗险

在上图的案例中，老王购买一份带有生存金返还性质的主险，并附带了住院医疗和住院补贴，缴费 20 年。到老王 80 岁的时候，按照中档利率演示的收益，老王共计可以拿回 153 712 元钱，但是老王总共只交了 85 196 元保费。而且这保费是包含了主险和附加医疗险的总费用，所以，从表面上看，老王的医疗险"返本"了。

但是，如果从方案里面直接去掉附加医疗险，只留下主险，到 80 岁的时候，演示利益相同，而所交保费共计 68 400 元。也就是说，老王的医疗险，20 年的缴费时间，总共消费了 85 196−68 400=16 796（元）。

这就好比是一个人开了两家店，A 店一分钱没赚，成本全搭进去了，B 店赚了钱，而且不但回本，多赚的钱把 A 店投进去的钱都弥补回来。但是这仍然不能改变 A 店亏钱的本质。

投保人				被保险人80岁时	累计保费	68400 元
老王 先生	男	30岁			当年生存金	41200 元
被保人					现金价值(退保金)	40000 元
老王 先生	男	30岁			意外身故金	68400 元
产品信息					疾病身故金	68400 元
					累计生存金	95200 元

产品简称	保额/份数	交费期/保险期	首年保费		生存总利益(中档分红)	153712 元
去掉附加医疗险				⊖	意外身故总利益(中档分红)	180912 元
■利17||	2万	20年/至80岁	¥3,420	⊖	疾病身故总利益(中档分红)	180912 元
		首年保费总计：¥3,420				

去掉附加医疗险，收益仍然相同

因此，正确认识到医疗险属于消费型保险的本质，也能在选择医疗险的时候绕开纷繁复杂的产品组合规则，抓住最重要的保障。

No.46

医疗险会随着年龄的变化而变化

医疗险由于是短期消费型的保险，而且不同年龄、不同性别的人群在各个年龄段生病的概率不同，所以医疗险的保费会随着年龄变化而变化。不像重疾险、寿险甚至意外险那样，采用的是均衡费率的方式，年龄只影响投保时的保费，后面每年的保费都跟首年一样，不会变化。

医疗险的保费变化大多数以 5 年一个梯度，总体呈两头高，中间低的走势。也就是说幼年时和年老时保费贵一些，而青年和中年时相对便宜一点。

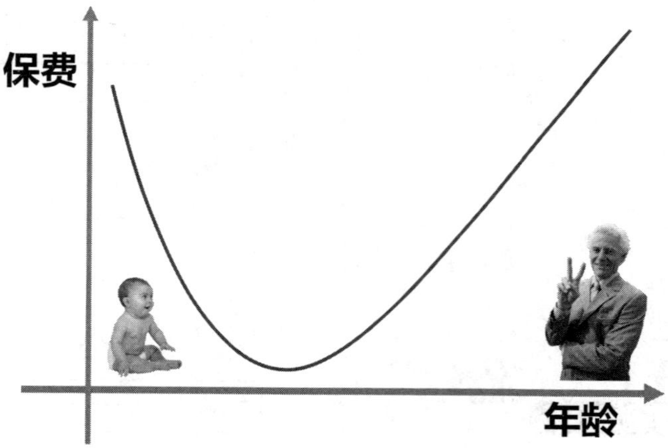

医疗险保费与年龄增长的大致关系

不难理解，因为幼儿和老年人是生病概率较大的群体，所以保费自然就高。只要是住院医疗或者住院补贴，基本上都呈这种变化走势。在 10 ~ 20 岁或者 20 ~ 30 岁的时候，保费是最便宜的。具体细节变化跟每款医疗险的保障责任也有关系。

所以，当一个人为新生儿购买了一份附加了医疗险的组合保险之后，在一般情况下，会发现接下来保费越缴越便宜，因为从 0～20 岁这个阶段，保费处于下降区间；而如果一个人购买组合保险的年龄正处于医疗险走势的上升区间内，就会发现保费越缴越贵，所以，背后的原因是医疗险在"作祟"。

某保险公司医疗险年交费率表（每份，单位：人民币元）

投保年龄	首次投保或保险期间届满60 日后重新投保	投保年龄	续保或保险期间届满 60 日内重新投保
0～2	878	0～2	953
3～4	573	3～4	624
5～9	264	5～9	287
10～19	110	10～19	120
20～19	156	20～29	170
30～39	269	30～39	292
40～49	353	40～49	384
50	457	50～54	497
		55～59	618
		60～64	992

从上表中可以看出，保费从 3 岁开始迅速下降，到 10～19 岁时最低，之后再逐渐上升。从这个保费的变化趋势也可以看出一个人一生中生病的概率变化，对身体健康状态也有一个宏观认识。

所以，医疗险不存在越早买越便宜的说法，无论哪个年龄段买，费用都将按照既定的费率进行变化。只不过，越早买越早拥有保障。

如果是单独的意外医疗险，那么保费和年龄的关系就不是特别明显，甚至保费是恒定的都是可能的。

No.47
很多医疗险分有社保款和无社保款

我们在第一章讲到过社保是一个普惠性的福利，在我国，几乎人人都拥有社会医疗保险。而商业医疗险作为社保的补充，其保障责任势必不能和社保重复，因此，大多数医疗险就分成了有社保款和无社保款两大类。

有社保款，也就是说有社保的人员应该选择的；同理，无社保款即无社保的人员应该选择的。无论是有社保款还是无社保款，保障内容基本上都一模一样，唯一的区别就是保费。

某 30 岁女性购买某医疗保险时有无社保的保费差别

从上图可以看出，以无社保身份购买这款保险，30 岁的女性当年保费是有社保人群的两倍多。保费差别如此巨大，是为什么呢?

很简单，如果购买时选择了有社保，那么一旦发生医疗理赔，肯定是社保先报销一部分，剩下的部分再根据保险责任来报销，相当于一件事情，社保和商保这两方都承担着，当然商业保险承担的责任就没有那么大。而如果选择了无社保，一旦有事，只能由商业保险一方承担，当然责任更大，所以，保费自然就贵了许多。

如果一个人购买保险的时候有社保，但是发生理赔的时候没有社保或者有社保而没有报销社保，这种情况，商业保险的报销责任会在合同约定的基础上大打折扣。如下图所示则是上图举例的保险关于这一点的赔付比例说明。

（5）赔付比例：如投保时被保险人以有社会医疗保险或公费医疗的身份参保、但就诊时未使用社会医疗保险或公费医疗的，则赔付比例为60%；其他情况下，该赔付比例为100%。

某保险关于有社保参保却未使用社保的理赔比例说明

那么，在实际的操作过程中，无社保人群当然应该选择无社保款，是不是有社保的人就一定要购买有社保款呢？不是的，以下几种情况，就算是有社保，也最好购买无社保款。

◆ **外地工作，社保买在老家**：这种情况现实中很多，人在外地工作，城乡居民医疗买在老家，住院之后，要理赔社保，目前来说还比较麻烦，而且异地就医的理赔比例不高，所以为了方便实用，买无社保款更合适。

◆ **刚购买了社保，还没有生效**：社保目前有半年的等待期，如果刚刚购买了社保，离生效还有几个月时间，那么最好选择无社保款，等到第二年续保的时候再转变成有社保款即可。

◆ **工作不稳定，频繁变动**：一般在企业里工作的人都会有职工医疗保险，但是如果工作频繁变动的话，社保就会存在断缴的情况，可能买时有社保而用时无社保。所以这种情况也适合购买无社保款的商业医疗保险。

No.48
为什么有社保款要先报销社保

大多数人都能自然意识到：如果是以有社保身份购买的商业医疗险，一旦发生住院，需要理赔的时候，就应该先报销社保，然后再报销商业保险。

这个想法是完全正确的，但是实际的原因却未必清楚。尤其是有的人异地就医后，再回社保购买地报销社保，中途可能由于各种原因很长时间都没办完，如此一来，商业保险的报销流程也就无法进行。因此，也会有人提出疑问，为什么不能先报销商业保险？

要先报社保，再报商保

对于这样的报销顺序，有以下几方面的原因。

第一，现在大多数地区都实现了医保直接结算，也就是办出院手续的时候就可以直接结算医保，病人只给自付的部分，这在时间上显然走在了商业保险前面，自然也就先报销了社保。

第二，因为是以有社保身份参加商业保险的，所以商业保险的保障责任是在社保报销之后剩下的范围内进行报销，如果先报销商业保险，保险公司无法确定自己所承担的责任范围，账还没算清楚，肯定不能胡乱给钱啊。

第三，这一点也是为了维护客户的利益，因为现目前社保基本都有几百甚至上千的门槛费，也就是我们在第一章讲到的"起付线"，先报销社保，那么社保减去的起付线自然就归入了商业保险的报销范围，这样可以尽量使报销利益最大化。

正确操作让报销利益最大化

那么，报销顺序如此，报销需要什么手续呢？

关于报销手续，一般商业保险的合同条款里面会写清楚，根据不同的住院原因，所需手续各有不同。但是因为涉及社保报销，所以社保报销结算清单发票肯定是需要的，还有总的费用发票、费用清单、出院证明以及检查报告等也会视情况要求提供，所以出院之后这些票据清单都要保存好。

保险加油站

一般报销的时候，除了发票、费用清单等资料，如果医疗险包含有门诊责任，而且本次住院也产生了符合条件的门诊费用，则需要提供门诊发票、检查报告等。如果住院期间做过放射性检查、化学检查等，也可能会一并要求提供。可以用复印件，但是保险公司会要求盖医院鲜章。

No.49

是否医疗险都是附加险

由于保险在我国发展并没有特别成熟，所以在产品设计和组合上都经历了一个逐步变化和适应的过程。而且由于保险营销的队伍庞大，管理上普遍较为松散，营销人员秉持的原则不一致，因此甚至造成客户耳中"千人千话"的感受。其中之一就是，很多客户一直认为，医疗险都是附加险，只能附加在主险上才可购买。显然不是。

有的医疗险确实不能单独购买，想要购买则必须买个主险，甚至有的医疗险不仅不能单独购买，对主险的保费、主险等都有要求。但是，也有很多医疗险是可以单独购买的，比如备受青睐的百万医疗险。

那么，这些保险是怎么卖出去的呢？

保险怎么卖出去呢		
保障责任好 ❯	那就卖保障责任
费用便宜 ❯	那就比价格，卖个便宜
什么都不占 ❯	那就卖个信息不对称

保险常见的几种营销方式

有的医疗险看起来确实很诱人，保额高、保费还便宜，似乎买了这个医疗险，以后不管因为什么意外或者疾病住院，都有保险解决钱的问题。因此，客户会表达出强烈的购买欲望。

但是，对于业务员而言，单纯卖个几百元的消费型医疗险，一是挣不到多少钱，二是可能对业绩考核也没有帮助。既然客户喜欢，那就卖个信息不对称，告知必须买个主险才能购买某款医疗险，否则不能单独销售的。很多客户犹豫一下，最后也只能爱屋及乌，接受建议。

从客观上来讲，客户虽然因此被动买了一款主险，但也多了一份保障。但是这不能成为为保险营销人员开脱的原因，因为这本质上是业务员为了追求利益，利用市场信息不对称而进行的一种欺骗。

那么，如果客户在不了解的情况下，怎样识别一款医疗险是不是可以单独购买呢？

保险销售目前有 3 种渠道：个险渠道、银保渠道和互联网渠道。各个渠道销售的保险各不相同但也有共通。能单独购买的消费型医疗险 99% 都会放在互联网渠道上，虽然个险渠道也能卖，但是这款保险本身来自于互联网渠道。所以，能不能单独买，直接上网搜索保险名字即可，相信会搜出很多直接购买的途径。

抗癌卫士2018

0免赔额：0-70周岁可投保，三高：风湿等慢性疾病可投保，中草药、护理费可报销，首次投保后，得了癌症还能继续买！

☑ **适用人群：** 出生满28天至70周岁
☑ **保险期限：** 一年（第二年起，得了癌症可以继续买）
☑ **保单形式：** 电子保单
☑ **保险责任：** 《抗癌卫士2018医疗保险条款》

旗舰店价格：**134元起**

立即购买　　分享

一搜便有的网络购买渠道

No.50
一定要看清楚医疗险的保障责任

消费型医疗险通常听起来都很不错，低保费高保额，赔了还能再买，报了还能再报，简直就是业界良心。

但是，这只是总体的保障概况，实际上会有很多细则和限制。如果真的考虑购买，一定要看清楚条款中的保障责任，做到心中有数，否则一旦发生理赔，与自己理解的相去甚远，损失最大的还是自己。

慧选0免赔医疗险/减负担保万全

优势1 突破医保限制-保自费药

覆盖自费医疗
0免赔
1分钱也能报

床位费
ICU
诊疗费
治疗费
手术费
药品费
检查费

疾病住院医疗 2万元

保障被保险人在保险期间内（等待期30天），如生病经诊断须住院治疗，因该疾病产生的合理住院医疗费用给付保险金：（1）已从公费医疗、社会基本医疗保险或其他费用补偿型医疗保险取得补偿，按免赔额0元，90%比例给付保险金；未取得补偿，按免赔额0元，80%比例给付保险金；（2）续保不受等待期限制；（3）以上治疗须在二级以上（含二级）公立医院，北京市平谷区、密云县、怀柔区所有医院除外。

意外医疗 2万元

保障被保险人在保险期间内，如发生意外事故，自该事故发生之日起180日内，因该事故产生的合理医疗费用给付保险金：（1）已从公费医疗、社会基本医疗保险或其他费用补偿型医疗保险取得补偿，按免赔额0元，90%比例给付保险金；未取得补偿，按免赔额0元，80%比例给付保险金；（2）以上治疗，境内须在二级以上（含二级）医院；境外须在合法的公立医院。

保险宣传彩页和实际责任通常会与想象中的有差别

在购买医疗险的时候，不要只看到保额有几十万元甚至几百万元，要关注免赔额多少、赔付比例多少、报销范围是否包含自费药和进口药、是否包含门诊责任、是否包含单人病房以及特需病房等。

在大多数医疗险的条款中，提到报销范围，通常会见到"合理费用" 4 个字，那么合理费用作何解释？有的医疗险的合理费用可能指的是社保内的费用，而有的则包含了社保外的费用，这些都要在条款里面——看清楚。

当然，与所有其他保险一样，医疗险有保障责任，就会有除外责任，这是与保障责任同等重要的内容，一定要仔细查看清楚。

因下列情形之一造成被保险人住院治疗的，我们不承担给付保险金的责任：
（1）投保人对被保险人的故意杀害、故意伤害；
（2）被保险人故意自伤、故意犯罪或者抗拒依法采取的刑事强制措施；
（3）被保险人主动吸食或注射**毒品**（见 7.19）；
（4）被保险人**酒后驾驶**（见 7.20）**机动车**（见 7.21）；
（5）被保险人**感染艾滋病病毒或患艾滋病**（见 7.22）期间因疾病导致的；
（6）战争、军事冲突、暴乱或武装叛乱；
（7）核爆炸、核辐射或核污染；
（8）**先天性畸形、变形和染色体异常**（见 7.23）；
（9）保险单中特别约定的除外疾病；
（10）**既往症**（见 7.24）；
（11）不孕不育治疗、人工受精、怀孕、分娩（含难产）、流产、堕胎、节育（含绝育）、产前产后检查以及由以上原因引起的并发症；
（12）精神和行为障碍（依据世界卫生组织《疾病和有关健康问题的国际统计分类》（ICD-10）（见 7.25）确定）；
（13）产养、矫形、视力矫正术、美容、牙科保健及康复治疗、非意外事故所致整容手术；
（14）被保险人从事**潜水**（见 7.26）、**跳伞**（见 7.27）、**攀岩**（见 7.28）、**蹦极**、**驾驶滑翔机或滑翔伞**、**探险**（见 7.28）、**摔跤**、**武术比赛**（见 7.29）、**特技表演**（见 7.30）、**赛马、赛车等高风险运动**。

6)精神病、精神分裂症、心理疾病、性病等的治疗和康复所产生的费用；
7)被保险人在非本附加条款约定的医疗机构就诊发生的医疗费用；
8)被保险人在如下机构接受治疗或接受如下的医疗服务：诊所、家庭病床、护理机构、特需医疗、外宾医疗、干部病房、联合病房、国际医疗中心、VIP部、联合医院；
9)被保险人在初次投保或非连续性投保的合同起保之日起120天内接受扁桃腺、甲状腺、疝气、女性生殖系统疾病的检查与治疗；
10)被保险人因职业病（见释义9.6）产生的医疗费用；
11)被保险人进行各种车辆表演、车辆竞赛；
12)非因意外伤害而进行的牙科治疗或手术以及任何原因导致的牙齿修复或牙齿整形；
13)非因意外伤害而进行的视力矫正及矫正视力所作的眼科屈光检查；屈光不正；
14)被保险人怀孕（含宫外孕）、流产（含任何原因所导致的流产和人工流产）、分娩（含剖腹产）、避孕、绝育手术、治疗不孕不育症、人工受孕及由此导致的并发症；

某两款医疗险的部分除外责任

大多数人在看保险方案的时候，要么直接看方案解读，要么看网上的宣传彩页，由于条款内容繁多，也不会显示在醒目的位置，甚至条款入口通常都容易被忽略。所以，选择的时候要仔细看页面中的小字，找到合同条款原文细看一下。

一些保险条款查看入口

No.51

关于 "保证续保" 你必须知道这些

我们已经知道大多数医疗险都是消费型的一年期短险，交一年保一年，想保到多少岁，就得交到多少岁。所以，绝大多数客户在购买医疗险的时候，非常关注 "续保" 的问题。当然，这也是必须关心的问题之一。

我们能想象的最美好的续保条件是 "保证续保"，而且也或多或少听过很多保险业务员讲过他们家的某款保险是保证续保的，这就跟保终身是一样的。

先来看看《健康保险管理办法》中关于 "保证续保" 是如何定义的。

> **《健康保险管理办法》**
>
> 保证续保条款是指，在前一保险期间届满后，投保人提出续保申请，保险公司必须按照约定费率和原条款继续承保的合同约定。

保证续保条款定义

按照保证续保条款的定义可知，投保人只要首次投保成功，以后就有绝对的权利，只要投保人提出续保，保险公司就必须无条件同意，而且要按照最初的保险责任和约定的保费承保。

这在商业医疗险里面，几乎可以说是违反市场规律的。下面来了解一些关于保证续保的具体知识。

（1）保证续保的产品是无法通过监管的

为什么呢？因为医疗险的赔付率很高，道德风险也很高，而且未来医疗技术的革新、医疗通货膨胀和国家的医疗保障制度等都是不可预知的，所以如果保险公司在开售产品的时候就承诺保证续保，这样保险公司承担的风险将非常巨大，甚至功能不堪重负，最终受影响的仍然是广大客户的利益。

（2）"连续续保"不等于"保证续保"

目前市面上有很多医疗险在宣传的时候承诺可以连续续保到 100 岁甚至更久，或者在多少报销额度内可以保证续保等，很多业务员和客户也自然将其理解为"保证续保"的意思。

> 一、本合同的保险期间为 1 年，自本合同生效日零时起算。
> **二、本合同保险期间届满之前，若我们未收到您不再续保的书面通知，则视为您同意续保，我们将按本合同约定的续保条件续保本合同。新续保合同的保险期间为新的保险期间，有效期为 1 年，自本合同期满日次日零时起算。每次续保，均依此类推。**
> 三、本合同约定的续保条件如下：
> 在本合同及各续保合同保险期间内累计给付的一般医疗保险金与重大疾病医疗保险金之和不超过您与我们约定的终身给付限额。

> 本主险合同的保险期间为 1 年。保险期间届满后，若您要继续享有本产品提供的保障，您需要重新投保。
> 若您在上一保险期间届满后 60 日内申请重新投保，我们不会因被保险人在投保后健康状况的变化或我们承担保险责任的情况而拒绝您的重新投保申请。
> 若保险期间届满时，本主险产品已停止销售，我们不再接受投保申请，但会向您提供投保其他保险产品的合理建议。

常见的承诺可以连续续保的医疗险的续保条款

从条款原文可以知道，保险公司有权利调整费率，不过不会针对单个被保险人调整。如果产品停售，也不再接受续保。所以，连续续保并不是保证续保，只不过，连续续保的承诺目前已经算是比较好的续保条件了。

（3）目前有保证几年内续保的，比连续续保更有优势一些

除了常见的医疗险可以连续续保，目前市面上有的医疗险可以保证几年内续保。也就是说只要首投成功，接下来几年内都可以保证续保，然后等到保证续保期间结束，再次投保成功，又可以得到几年的保证，在保证续保期间，哪怕产品停售，也可以续保。

> 本附加险合同的保险期间为 1 年。
>
> 自本附加险合同的生效日起，5 年为一个保证续保期间。保证续保期间内，每一保险期间届满之前，若我们未收到您不再继续投保的书面通知，则视作您申请续保，我们将按照以下约定续保本附加险合同：
>
> 在保证续保期间内每一保险期间届满时，我们按续保时年龄对应的费率收取保险费，续保后的新合同生效。但若于保证续保期间内每一保险期间届满时存在下列情形之一时，本附加险合同不再接受续保：
>
> （1）续保时被保险人年满 65 周岁；
>
> （2）主险合同交费期满或主险合同已办理减额交清；
>
> （3）主险合同效力中止。
>
> 每个保证续保期间届满时，若您要继续享有本产品提供的保障，您需要重新投保。
>
> 若保证续保期间届满时，本附加险产品已停止销售，我们不再接受投保申请，但会向您提供投保其他保险产品的合理建议。

某保证 5 年续保的医疗险的条款

对于保证多少年内续保的产品，如果产品停售，保证续保届满后，也是无法再次续保的。虽然保险公司会提出投保其他产品的合理建议，但是重新投保势必又需要健康告知，那时身体状况是否符合投保条件就不得而知了。

在这种情况下，有的保险则推出了"若此产品停售，则可以以续保身份（没有等待期，也无须健康告知），投保其他产品"。这无疑是比较受欢迎的，算是基本解决了"续保"的隐忧。

所以，明白了医疗险为何不能做到终身或者长期续保，就不要再执着于"保证续保"这个美好的期望。只要有相对较好的续保承诺，

保障责任也很好，费用也能接受，就可以放心购买。记住一点，健康险保的是"现在"安心，不是遥远的未来。

保险加油站

其实保险公司也希望能尽量设计出投客户所好的产品和条款，但是一切要建立在可以精算的前提下。曾经也有保险公司推出过保证续保的产品，但是很快就被监管要求停售。而且假设以后真的推出了保证续保的产品，但是由于需要考虑医疗通胀风险以及没有大量有效的可参考数据和过往产品在保证续保方面积累起来的经验，因此要么保费很高，要么会半途而废。

No.52
看清"既往症"的条款约定

在购买医疗险的时候，我们通常会理所当然地觉得只要第一次投保成功，而且投保的时候如实进行了健康告知，以后每年都按时缴纳续期保费，那么，生病了赔了，以后再生病还可以再赔。

的确，目前很多医疗险是这样的，但是，还是有部分医疗险为了降低保费吸引客户，在保险责任上对"既往症"（指被保险人在投保之前，身体上已经发生的疾病或是有健康上的异常）做了明确的约定。

重庆客户黄女士 2015 年在某家保险公司为其两岁的儿子购买了一份保险，附加了医疗险，黄女士投保后每年都在按时缴纳保险费。2018 年，孩子因为急性扁桃体炎住院，黄女士也顺利得到了保险公司给予的住院费用报销款。

但是，没过多久，黄女士接到该保险公司的通知，要求她去公司面签一份孩子的续保函件，函件的内容是，以后黄女士的儿子如果再因为急性扁桃体炎入院，公司将不予赔偿。也就是说，在投保 3 年后，保险公司将黄女士儿子的疾病列进了以后的除外责任。

为什么会这样呢？

因为该保险公司的续保中明确提出，每一年保险期满，如果收到了保险费，仍然需要保险公司同意后才可继续承保，也就是说并没有承诺可以连续续保。而且因为医疗险是交一年保一年，条款里面明确说了既往症不报，而每一年到期后的客户认为的续保，都相当于是保险的首次投保，所以会将当年理赔过的疾病纳入第二年的既往症，以此类推。

（十二）被保险人因妊娠（含异位妊娠）、流产、分娩（含难产）、避孕及节育（含绝育）手术、绝育后复通、药物过敏、食物中毒、椎间盘突出症、整容手术导致的伤害或因疾病而实施内外科治疗或手术导致的伤害；

（十三）被保险人因美容手术、外科整形手术、视力矫正、义眼或助听器、义肢等其他类似设施的装配、一般身体检查、疗养、特别护理或静养、康复性治疗、非手术或药物治疗；

（十四）被保险人在本合同生效前的既往症，但在投保单上告知并经我们同意承保的，不在此限；

（十五）遗传性疾病、先天性畸形、变形或染色体异常；

（十六）被保险人作为器官捐献者摘除捐献器官；

（十七）被保险人接受实验性治疗（即未经科学或医学认可的医疗），或接受未被治疗所在地权威部门批准的治疗。

对于既往症的含义，是可以有不同解读的

一旦购买了会把每年的疾病纳入续保的既往症中这种保险，后续麻烦是很多的。首先，客户自以为买了一个还算不错的保险，结果发生这种约定后，想要换保险，还得进行健康告知，而此时的健康状况肯定会存在已经发生过的异常情况，小毛病也还好，万一是一些容易复发的疾病或者慢性疾病等，想换其他产品都不一定买得到，或者就算买得到，也很可能做"除外责任"处理。

No.53

怎样选择"百万医疗险"

　　2017 年，各大保险公司纷纷推出了百万高端医疗险，如众安的"尊享 E 生"平安的"E 生保"太平的"超 E 保"和华夏的"医保通"等，它们有一个共同点，那就是保费低廉，最便宜的一百多元就可以买，保额超高，比如600万元。还突破了社保限制，无论是进口药还是自费药，通通报销。一时间，大家都有一种"喜从天降"的感觉，颇为青睐，都争相购买。

各种百万医疗

　　从保障性质来讲，百万医疗险确实是很好的一个保险，但是拨开宣传的溢美之词的迷雾，还是要看清百万医疗险的本来面目，从而选择更有优势或者更适合自身的产品。

（1）首看保险责任

在众多的百万医疗险中，首先要看清楚保险责任，包括除外责任、免赔额和创新之处等。除外责任越多越不用考虑这款保险。大多数百万医疗都是一万元的免赔额，但是有的百万医疗规定如果被保险人得的是癌症，则 0 免赔，这一点是比较创新的。还有的是如果得了特定的疾病，除了报销，还有住院津贴，甚至有些还包括质子重离子保障责任、住院垫付等。

当然，所有的优点集于一身是不可能的，那怎么取舍呢？就看基本责任，越全面越好就可以了，基本责任包括住院责任、门诊责任和就医绿色通道等。在满足基本责任全面的情况下，再选择创新的特色保障即可。

（2）二看续保条件

几乎所有对百万医疗险感兴趣的人都会关心续保问题，大多数百万医疗险是承诺连续续保，但是有的产品续保条件写得模糊不明，这种就不要购买。当然，目前已经有可以保证 6 年续保的百万医疗险，这种无疑是目前续保条件最好的。

（3）三看在当地是否有分公司或者人工柜面的公司

百万医疗险一般采用互联网销售渠道，有很多公司的理赔方式也是通过邮寄资料的方式理赔。这样时间长不说，过程中势必会有很多麻烦。虽然邮寄之前可以先通过网络方式确认资料，但是很多人，尤其是年纪稍长的人可能不会操作。所以，选择在当地有人工柜面的公司，理赔的时候会方便很多。

No.54
怎么搭配医疗险方案

目前市面上的医疗险基本包含"小额医疗""大额医疗（百万医疗）""门诊医疗""住院津贴""意外医疗"以及"特定疾病医疗"等。在购买医疗险的时候，要根据家庭总的人员状况和财务状况合理配置。

（1）小额医疗、住院补贴，儿童一定要购买

对于儿童来说，尤其是 3 岁以前的儿童，疾病发生的概率非常高，而且一旦生病，儿童体质弱，只能慢慢治疗，所以住院时间一般都会超过一周。因此一年几百元的小额医疗和住院补贴就很实用。虽然小孩住一次院也就花几千元钱，但是如果能用几百元的费用转移几千上万的花费，也是值得的。毕竟，就算不买保险，几百元钱也未必就会用出更大的价值。

（2）成年人，大额医疗很有必要

成年人小病概率不高，但是仍然不容忽视，如果小额医疗和大额医疗之间选择的话，建议选大额医疗，因为成年人担负的责任重大，需要把高昂的医疗费用压力尽量转移出去。当然，有的医疗险保额也很高，而且没有免赔，这种可谓非常实用，可以选择。但保险公司也不是慈悲为怀，好的保险可能购买的条件会高很多。

（3）一家人买家庭款，可以节约保费

如果看上某款医疗险，而且也打算给家里人都购买一份，可以查找或者询问有没有这款保险对应的家庭版本。目前市面上同一家保险

公司是有这样的产品的，家庭版和个人版的保障责任几乎相同，但是费用要比个人分开投保便宜不少。既然是消费型保险，能少消费一点岂不更好。

（4）了解清楚续保费率，拿捏好消费的尺寸

很多人买医疗险都是一家大小全买，虽然单个人的医疗险不贵，但是一家人加起来还是一笔不小的支出。而且家庭成员年龄跨度大，所以在购买的时候，要了解清楚保险的续保费率，评估一下最高的时候每年要消费多少钱，是否可以接受，如果不能接受，就要调整方案，选最重要的，然后往次重要的扩充。

保险加油站

有的人在买了比较全面的医疗险之后，会觉得这样就够了，以后无论生什么病，都不用担心钱的问题了。其实不是的，我们讲到过，所有医疗险几乎都只能报销在医院的花费。而生病之后，尤其是比较严重的病，会有很多间接支出，这些费用有时候甚至比治疗费还高，就看病人及家人需要一个什么品质的医疗过程，所以这块费用是一个无底洞。因此，医疗险是不能代替重疾险的。再者，由于医疗险都有"续保"隐忧，所以它只能作为暂时的医疗保障补充，不能作为终身的医疗保障。

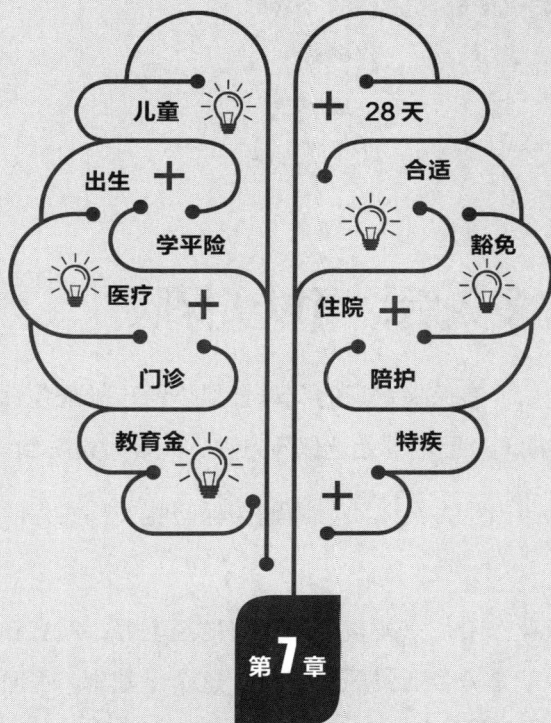

儿童　28天　合适　豁免　出生　学平险　医疗　住院　陪护　门诊　教育金　特疾

第7章

孩子是宝，怎样给他合适的保障

　　儿童虽然不是交保费的人，但却是保险市场的一股庞大力量，是主要的被保险人。给儿童买保险，已成为广大成年人越来越关注并正在做的事情。因此，怎么给儿童买保险，也是需要普及的保险常识。

No.55

孩子出生多久后，可以买保险

孩子出生后，有保障意识的父母会尽早给孩子配备保险，甚至有的父母在怀孕期间就已经开始选保险方案，只等时机一到马上购买。

那么，小孩出生多久以后可以购买保险呢？购买保险需要一些什么条件呢？

先不谈商业保险，只要孩子的户口已经上好，就应该及时为孩子购买社保，也就是城乡居民医疗保险，这个是基本，而且由于社保等待期较长，所以越早买越早生效。

新生儿应尽早购买医疗保险

对于商业保险，新生儿出生满 28 天，只要身体健康，在此之前没有住院病史和异常情况，就可以投保商业保险了。

我满 28 天了，可以买保险了

在保险合同里面，也对投保年龄做了准确的描述，如下图。

指投保时被保险人的年龄，投保年龄以周岁计算。本主险合同接受的投保年龄为 0 周岁至 55 周岁，投保时被保险人为 0 周岁的，应当为出生满 28 日且已健康出院的婴儿。

保险合同中关于婴儿投保年龄的规定

所以，只要孩子出生后没有健康异常，也准备给孩子买保险的话，可以提前选择好方案，尽早投保。

那么，投保时需要什么东西呢？只需要婴儿的出生证明和投保人的证件就可以了。

当然，无论有多么想给孩子最好的，或者多么想给孩子买保险，都要遵循一个原则，如果大人没有买保险，那就先不要给孩子买，一定要"先保大人，再保孩子"。

如果大人的保险迟迟没有决定买，对于社保，无论大人有没有买保险，都必须尽早给孩子买上的。

No.56
不要过多犹豫，否则拒你半年

有很多父母很有保险意识，也决定给孩子购买商业保险，也知道越早买越便宜。但是却认为只要在一岁之前买就可以了，反正 0 岁买是最便宜的。

这种想法很没有必要，既然决定要买，肯定是越早买越好，过多的犹豫和比较并没有太大的意义。

因为刚出生的小孩身体脆弱，抵抗力不好，虽然健康，但却很容易生小病，可能白天还精神百倍，晚上就发烧住院了。且不说因为犹豫未决，迟迟不投保，住院的花费无法得到报销，关键问题是，保险公司规定，一旦被保人住院，即使健康出院，也得经过半年的观察期才可以投保，而且投保的时候还得根据情况提交上次住院的病情资料或者被要求复查体检。这样一来，麻烦是一回事，但是就怕万一做了责任除外或者加费处理，就更得不偿失了。

半年观察期

住院后需经过半年观察期才可投保

当然，如果这半年观察期内不幸再次生病住院，那可就得再延后半年，加上保险本身也有 30 ～ 180 天的等待期，可能孩子就会有一年多的时间处于没有充分保障的境况中。

如果投保前孩子多次生病，这样对投保将更加不利，越多的不健康记录只会让保险公司认为被保人健康风险较大，所以，要趁孩子健康的时候尽快投保。

No.57
保障第一，收益第二

每个家长都有望子成龙、望女成凤的心愿，孩子出生后，恨不得把全世界都给他。所以，在给孩子购买保险的时候，也偏向于考虑为孩子未来的学业、创业甚至结婚准备多少钱。因此选择产品的时候，就倾向于选择具有投资性质的产品。这是本末倒置的做法。

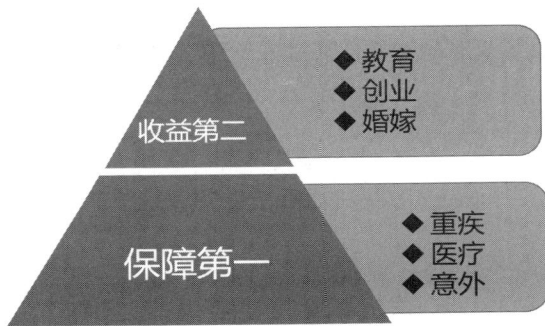

收益第二
◆ 教育
◆ 创业
◆ 婚嫁

保障第一
◆ 重疾
◆ 医疗
◆ 意外

给孩子投保要遵循保障第一、收益第二的原则

要知道，具有投资性质的产品保障功能是很弱的，或者根本没有保障，而且投资型产品一般缴费并不低。万一孩子生病急需用钱，但是高昂的理财保险却帮不上什么忙， 退保拿钱救急，本金将大大损失。

所以需要明白，只有拥有健康的身体，才有机会享受更好的教育，创造以后的人生。那么，在保障方面，应该配备哪些类型的保障呢？

很简单，给孩子买保险，在保费预算的范围内，先选择最重要的，比如重疾、医疗，然后再视预算情况往次重要的扩充，比如意外、门诊等。

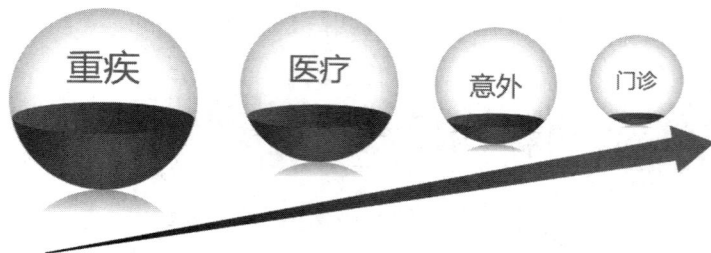

根据经济预算从重要的往次重要的扩充

当然，扩充组合不仅限于以上4种，如果预算充足，可以尽可能全面。可以加上陪护金、身价、少儿特定疾病以及父母豁免等。因为孩子的养育成本和医疗成本都很高，越全面的保障越有利于稳定家庭的现有经济状况。

某公司某产品稍微全面的组合保障利益

No.58
该用多少钱给孩子买保险

在给孩子购买保险的时候，费用是一个让人很纠结的问题，很多家长从最初的预备拿 2 000 元钱买保险到最后签下了近万元的保单。

虽然对于每个家庭而言，由于经济基础不一样，保费预算各有高低，但是在给孩子买保障健康性质的保险时，仍然有一些规则和方法可以控制保费支出，使其合理。

张先生和李女士分别是大型国有企业的普通员工，张先生一个月收入 7 000 元左右，李女士收入 5 000 元，在他们给刚出生的孩子买保险的时候，经不住业务员的劝说和爱子心切的冲动，买了一款年交保费 9 000 元的保险。

而跟大多数初有保险意识的年轻夫妻一样，张先生和李女士是没有商业保险的，当他们意识到保险的重要性的时候，李女士几经挑选斟酌，勉强买下了一款年交保费 6 000 元的组合保险，而且重疾保额并不高，只有 20 万元。

这下，李女士和孩子的保费一年就要 1.5 万元，占到家庭年收入的 10% 以上了。加上小家庭本身还承担着房贷和父母的养老压力，这些情况使张先生在选购保险的时候感到缴费很有压力，想尽量压低保费，产品选择非常有限，所以一来二去，也就迟迟没有购买。

从上面的案例可以看出，作为不用承担家庭经济压力的孩子却占据了保费的大头，因此，缩减了承担经济压力的夫妻的保费空间，这是一种很不合理的购买方式。

在第一章我们了解到了家庭总保费的支出占家庭年收入的 15% 是合理的，绝对不能超过 20%，最好控制在 10% ~ 15%。所以，不管一个家庭出于何种原因先给谁买保险，都要考虑到未来整个家庭都需要买保险，包括车险。按照比例确定一个保费总支出的额度，如果已经买了车，则先除去车险，然后在剩下的额度内进行家庭成员的保费分配。

保费≈10%~15%年收入

家庭总保费支出需要遵循的比例

在总保费支出范围内，如何给各个家庭成员分配呢？记住一点，孩子永远占小头，经济支柱占大头。比如在上面的故事中，张先生和李女士一家的保费总支出大约控制在两万元以内，其中张先生保费一万元，李女士 7 000 元，孩子 3 000 元，这样的分配是比较合理的。

No.59
孩子适合购买终身重疾险吗

重疾险永远是家长给孩子购买保险时最重视的一项保障，目前市面上终身型的重疾险占据主流。而且由于业务员的宣传偏向，所以很多人给孩子购买的也是保障终身的重疾保险。

从长远来看，似乎终身型重疾险可以一劳永逸，但是，如果具体到每个家庭，不一定所有孩子都适合终身重疾险。

通常，保终身的重疾险价格都比较贵，如果想全面一点，额度高一点，保费轻轻松松上万元。对于有钱人来说，这个无所谓，但是对于普通小白领来讲，这不是一笔小支出。

您投保的保险产品计划				
产品名称	基本保险金额/份数	保险期间	首年保险费	交费年期
9终身寿险	500000元	终身	3850.00	20年
9提前给付重大疾病保险			--	--
9提前给付重大疾病保险（基本）	450000元	终身	3150.00	20年
9提前给付重大疾病保险（可选）	5份	至25岁	165.00	20年
附加少儿定期寿险	200000元	至25岁	140.00	20年
附加少儿长期意外伤害保险	200000元	至70岁	740.00	20年
附加豁免保险费（C19）重大疾病保险	--	同少	18.11	19年
附加豁免保险费病保险	--	同少	97.75	19年
附加住院费用医疗保险（B）	4份	1年	1862.50	1年
附加住院日额18医疗保险	10份	1年	590.00	1年
附加轻症30豁免保险费（B18）疾病保险	--	同少	96.14	
附加豁免保险费（B19）重大疾病保险	--	同少	599.19	19年
			首年保险费总计：11308.69元	

一份保终身的重疾 + 医疗组合

所以，如果经济基础很好，直接买一份高额度的终身重疾险是可以的，毕竟核保一次就保终身，未来无论身体发生怎样的变化，保险都一直有效。

但是，考虑到孩子一生很长，未来的社会医疗水平的通胀风险，现在买的保险看起来合适，可能到了孩子成年后，就不那么合适了，到时候有更适合那个年代的保障产品。所以就算买了终身性质的重大疾病保险，未来也可能面临着再加保的问题。

因此，对于普通工薪阶层而言，建议给孩子购买定期重疾险会更合适，比如消费型的，额度高、保费低，毫无压力。

承保年龄：	28天–17周岁
出生日期：	2018年06月01日 📅
保障期限：	30年
缴费期限：	一次性交　3年交　5年交　10年交　15年交　20年交
保障额度：	50万　更多 ›
重疾医疗保险金：	不投保　50万　100万
被保人性别：	男　女
职业类别：	1–4类　查询

689元

某消费型定期重疾险

对于普通家庭而言，给孩子购买定期重疾险，如果是消费型的，费用很低。如果是返还性质的，到保障期限结束后，返还的钱可以用来作为自己的养老储备，也可以拿来给孩子做创业支持或者重新购买其他保险等。

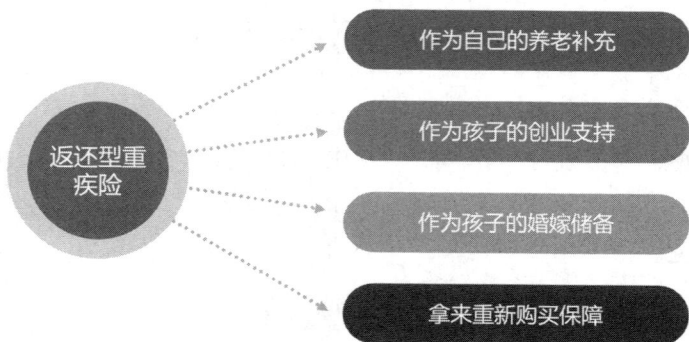

返还型重疾险
- 作为自己的养老补充
- 作为孩子的创业支持
- 作为孩子的婚嫁储备
- 拿来重新购买保障

返还型重疾险可以作为储蓄备用

所以，从变化的角度讲，一生那么长，定期重疾险更有利于分阶段规划孩子的保障，让保障方法更适合各个阶段的情况。

但是，有一点需要认识到，定期重疾险的缺点是，如果万一中途生病，重疾到期后，可能会因为身体已经不属于健康体而面临投保困难的情况。

No.60
怎样给孩子挑选重疾险

面对纷繁复杂的重疾险，家长在挑选的时候也是头疼，越看越不知道该买什么，陷入选择困难症里面。

因而，在给孩子购买重疾险的时候，有一些简单的原则需要尽量顾及。

（1）要购买足够的保额

首先，无论预算多少，都尽量买足够的保额，重疾保额建议至少50 万元以上。如果预算不够，可以选择消费型的重疾险，足额保障很重要。

其次，无论预算多与少，都能通过一些组合和改变想法来达到获得充足保障的目的。一心认定的未必就是最好的，比如很多人认为一次性购买足额的终身重疾险是最好的，但是可能经过自己的了解和对保险认识的加深，会推翻之前的认识；也或者有人一开始认定要买可以返本的，但买了之后随着认知的提升，会后悔自己的选择。

（2）要看清重疾的理赔条款

很多人都认为重疾条款大同小异，但是往往在最后理赔的时候，小异就决定了大不同。

比如下图，同样是少儿险，都包含"白血病"，但是第二款的理赔标准明显比第一款要求要高，需要接受了化学治疗或者骨髓移植才能获得赔付，而第一款没有这样的要求。

> 是一组系造血干细胞或祖细胞突变引起的造血系统恶性肿瘤。必须经专科医生诊断并且经血涂片和骨髓象检查确诊，属于世界卫生组织《疾病和有关健康问题的国际统计分类》（ICD-10）的白血病范畴。
> 相当于 Binet 分期方案 A 期程度的慢性淋巴细胞白血病不在保障范围内。

> 白血病是指属于恶性肿瘤的范畴内，是一种造血系统的恶性肿瘤，其主要表现为白血病细胞在骨髓或其他造血组织中进行性、失控制的异常增生，并浸润至其他组织与器官，使正常血细胞生成减少，周围白细胞有质和量的变化，产生相应临床表现。被保险人所患白血病必须根据骨髓的活组织检查和周围血象由专科（儿科、血液科或肿瘤科）医生确诊，并且至少已经接受了下列一项治疗：
> （1）化学治疗；
> （2）骨髓移植。
> 相当于Binet分期方案A期程度的慢性淋巴细胞白血病不在保障范围内。

某两款主打少儿重疾险中关于白血病的定义

（3）可以偏向于选择带有少儿特疾的产品

少儿特疾不是最重要的，但是在可选择的范围内，如果能兼顾到少儿特疾的保障，是更好的。

因为大多数少儿类的重疾险针对少儿特疾加大了保障，尤其是白血病，这样相当于多穿了一件小马甲。

当然，如果本身就已经购买了足够的保额，也没有必要专门为了少儿特疾再买一份重疾险。特疾只是锦上添花，最重要的是重疾这块"锦"。

（4）在满足保障的前提下，选择销量较好的产品

其实这跟保险责任本身无关，但是为什么这么建议呢？因为重疾险是争议较多的一个险种。销量越多，代表理赔的数量越大，产生的纠纷也会越多，那么保险公司针对这款保险累积的纠纷解决案例就越多。万一将来理赔遇到问题，可参考的经验会更多，有利于推进纠纷的顺利解决。

No.61
怎样给孩子购买小额医疗

由于小孩的小病医疗风险很高，基本上 80% 的小孩在 3 岁以前都有生病住院的经历，而且很多还不止一次住院。因此小额医疗也是很多家长比较重视的，有的甚至为了小额医疗而宁愿购买本来不太认可的重疾或身价险，就因为很多小额医疗不能单独购买。

既然小额医疗理赔概率如此之高，应该怎么选择呢？

（1）选小额医疗与大额医疗结合的保险

既然有专门的小额医疗，也有专门的大额医疗，那就会有二者的结合，购买这样的保险一年费用在 1 500 元左右，但是保障责任不错，小额花费和大额医疗支出都能得到报销。

但是很受青睐的产品有可能在营销上必须捆绑其他产品才能购买，

比如必须购买重疾作为主险，作为客户，可以自己上网查一下这到底是产品规则还是营销员的刻意捆绑。

（2）要购买可以多次报销的小额医疗

有的小额住院医疗是这样的，一年内有一定限额，比如 5 000 元，即年度报销额度 5 000 元。也就是说，当年第一次住院报销了 3 000 元，那就还剩 2 000 元的额度可以报销。这样的小额医疗最好不要购买。

还有的小额医疗是不限次数的，额度不是全年额度，是单次报销的额度，比如 8 000 元。也就是说，当年第一次住院，最高可以报销 8 000 元，隔了几个月再次生病住院，那么最高还可以报销 8 000 元，无疑这种是比较符合现实需求的。

（3）购买免赔额低的小额医疗

即使是商业保险，很多产品也和社保一样，有一定的免赔额，只是产品不同，免赔额各有高低。既然是小额医疗，肯定是希望最大限度地转移常规的住院费用，本身花费通常在万元以内。因此，选择免赔额低的小额医疗，甚至没有免赔额是更好的。

> **住院医疗费用**   **10000**
>
> 保险期间内，被保险人因意外伤害事故或自保险期间开始30日后（续保者自续保生效后）因疾病在二级或二级以上的公立医院住院治疗，对于其实际支出的按照当地社会医疗保险或其他公费医疗主管部门规定可报销的、必要、合理的各项住院床位费、住院手术费和其他医疗杂费，保险公司将按照约定在扣除600元免赔额之后按照80%赔付医疗保险金。

免赔额太高，不适合作为小额医疗保障

（4）购买医疗责任保障全面的小额医疗险

"麻雀虽小五脏俱全"，虽然是小额医疗，但是也要看清楚保障责任是否全面。孩子的病通常来势汹汹，因此涉及的医疗方法和手段也可能会更多，不排除小额医疗但却动用了救护车，或者小手术也是很常见的。

所以，在购买小额医疗的时候，要看保障责任是否包含"药品费""检查费""特殊检查费""护理费""床位费""救护车费"以及"各种医用耗材和仪器的费用"等。

> 指住院期间使用的医院床位的费用。不包括观察病房、陪人床、家庭病床等。
>
> 包括**药费**（见 7.10）、**治疗费**（见 7.11）、**护理费**（见 7.12）、**检查检验费**（见 7.13）、**特殊检查治疗费**（见 7.14）、**救护车费**（见 7.15）各项费用。

保险条款中有对保险责任的明确界定

（5）选择门诊责任时间较长的小额医疗险

绝大多数住院医疗险都没有包含单独的门诊责任，除非是慢性病门诊或者特殊疾病的门诊可以单独报销。一般情况下，门诊责任要么不包含，要么必须住院才可以报销因本次住院而产生的门诊费用。

在包含因为住院而产生的门诊费用责任里，通常是这样的。首先，要跟本次住院的疾病相同的门诊原因才可以报销；其次，要是在住院期间的前后某个时间段里面发生的门诊费用。

所以，如果包含的门诊时间段越长，保障就越好，目前大多数有此种责任的小额住院医疗险要求的门诊责任有 7 ~ 30 天不等。这个天数指的是住院前后的天数。例如有 30 天的门诊责任，10 月 2 日住院，10 月 10 日出院，那么门诊责任的时间段就是 9 月 1 日 ~ 10 月 1 日（住院前）以及 10 月 11 日～ 11 月 10 日（出院后）期间，因为通常住院之前会经过门诊的检查、确诊以及治疗，出院后可能会产生门诊的复查和康复费用等，所以这个时间段当然越长越好。

No.62

投保人的选择，也是有讲究的

现实的案例中，大多数父母给小孩买保险的时候，投保人的决定都是很随意的，要么谁都可以，要么谁给钱谁当投保人。但是在某些情况下，投保人是不可以这样随便确定的。为什么呢？

因为有的产品自带投保人豁免功能，或者即使有的产品没带这样的功能，但是购买的时候由于投保人喜欢这样的功能，可能添加了投保人豁免。

既然如此，只要有投保人豁免功能，那最好由家里面潜在风险较大的一方作为投保人。

赵先生和黄女士在给孩子购买重疾保险的时候，在确定由谁当投保人的问题上产生了不同意见。黄女士觉得孩子是自己生的，自己对孩子的感情最深厚，应该由自己当投保人，而作为父亲的赵先生认为钱是自己出的，孩子的户口也是在父亲的户口上，应该由父亲当投保人。业务员也赞成由赵先生当投保人，但是，理由却不一样。

因为他们选择的这款少儿重疾保险自带了投保人豁免功能，从身体健康状况来讲，赵先生加班比较多，工作压力较大，饮食长期不规律，而且出差的时间很多，可以说要么是在出差的目的地，要么是在出差的各种交通工具上，因此两相比较，赵先生面临的潜在风险更大。既然有投保人豁免，肯定应该保障风险较大的一方。

这样一分析，夫妻俩欣然同意。

如果是自己想要附加投保人豁免功能，可以视保费预算情况将父母双方都作为共同豁免对象。这样，父母双方任何一方发生风险，都将豁免孩子剩余的保险费。

当然，这样一来，也就无所谓谁当投保人了。

保险加油站

现实中，通常会有爷爷奶奶或者外公外婆想给孙子买保险的情况，而且他们也想作为投保人。但是《保险法》规定，必须对保险标的具有法律上承认的利益才可充当投保人，而爷爷奶奶或者外公外婆显然不具有这种法律承认的利益，因此不能给孙子们当投保人。但是，在保险实务中，如果孙子大于 10 岁，爷爷奶奶是可以作为投保人的。

No.63
明明白白购买"学平险"

对于家里有孩子上学的父母，对学平险肯定不陌生，每个学期报名的时候，都会像交学费一样交百元左右的保险费，但是随着保险信息越来越公开化，对于学平险这个看似本身属于刚性购买的东西，也逐渐发生了改变。

学平险，全称为《中小学生平安保险》，是保险公司针对在校学生推出的一款比较全面的风险保障产品。虽是商业保险，但是也具有一定的政策性，比如地区统一定制。但是现在已经没有统一购买的情况了，都是家长自愿购买。

开学季，似乎必备学平险

学平险一般包括意外身故、疾病身故、意外医疗、疾病医疗和住院津贴等，费用在 50～200 元之间不等，很便宜，所以每一项的保障额度都不是很高。

虽然学平险的保费很便宜，但是也不一定每个人都要买。现在很多儿童早早地就购买了社保和全面的商业保险。针对这类学生，家长是可以不用为其购买学平险的，但是学校可能会要求提供商业险保单，打印一份保单给学校相关责任人就可以了。

但是对于没有商业保险或者保障不全的学生来说，花很少的钱购买一份保障全面的保险也是很有必要的。然而，因为现在基本已经没有学校统一购买学平险了，所以家长需要自己选择。那么在选择的时候，保障责任仍然是最重要的内容。

- **意外伤害**：意外伤害要有残疾责任，而且是残疾分级责任，而非只有全残责任。
- **意外医疗**：免赔额不能太高，不能分级赔付，而且要包含意外门诊责任。
- **住院医疗**：住院医疗通常都不报销自费药和进口药，仍然只能在社保的自付部分里面报销。但是即便如此，也要选择免赔额低、报销比例高的。当然，还有的学平险连住院医疗也是分级报销，这种一般报销得很少，可以不用选择。
- **住院津贴**：没有特别讲究的，一般就几十元每天，这个不重要，能兼顾选到额度高一点的更好，不能兼顾的就以主要利益为重。
- **购买渠道**：由于家长自行选择购买，虽然只是一份缴费很少的保险，但是也很可能面临后期的很多理赔需求，所以要选择值得信赖的代理人购买。

No.64
附加服务，关键时刻有大用处

随着人们对生活和医疗服务质量要求的提高，很多保险也推出了各种附加服务，有的是产品带有附加服务，有的是保险公司针对某些客户提供附加服务，还有的是有专门的附加服务项目，需要付费享用。

有些重疾产品或者消费型的医疗险，都带有附加服务项目，比如"专家挂号""转诊服务"以及"全球急难援助"等。很多人都不太重视这个，认为没多大用处。实际上这种想法大错特错，这些附加服务的价值是很高的，因为一旦到了关键时刻，将会省去很多麻烦，甚至帮上大忙。

6 大专家资源，全程专家诊疗：

诊断 —— 治疗 —— 康复

❶ 协助专家挂号　　❸ 协助安排专家病床　　❺ 原主诊专家院后复诊
❷ 国内/外专家二次　❹ 海外专家病床安排　　❻ 中医专家康复调理及
　 诊疗　　　　　　　　　　　　　　　　　　　　心理医生辅导

3 年无需再交费，患病后顾无忧：

发生重疾，获得理赔后，无需再交费。

0 担忧： 就医资源覆盖全国、延伸海外，
医疗资源零担忧

国内：1000余家三甲医院；5万余名主任医生。
国际：美国、日本、新加坡等200余家医院。

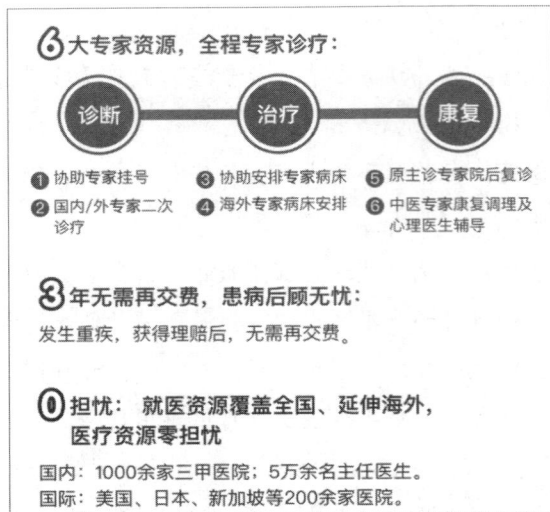

某公司的附加服务

挂专家号、预约手术或者住院病床等，在知名医院可谓是一号难求，真到需要的时候，很多人多方托关系，或者花高价买黄牛号。如果有这样的附加服务，将会省心很多。

另外，对于"SOS 紧急救援"这样的服务也是可以纳入考虑的，带孩子外出游玩或者独自参加夏令营甚至出国等，都是现在增长孩子见识的方式。但是这个过程中也潜伏着很多危险，所以选择有这方面附加服务的保险，危急关头，便多了一份援助的力量。

理财 💡

➕ 投连险

年金 ➕

领取

生存金

💡

总利益 💡

💡 红包

复利 ➕

➕

长期

开门红

通货膨胀 💡

教育金

➕

第**8**章

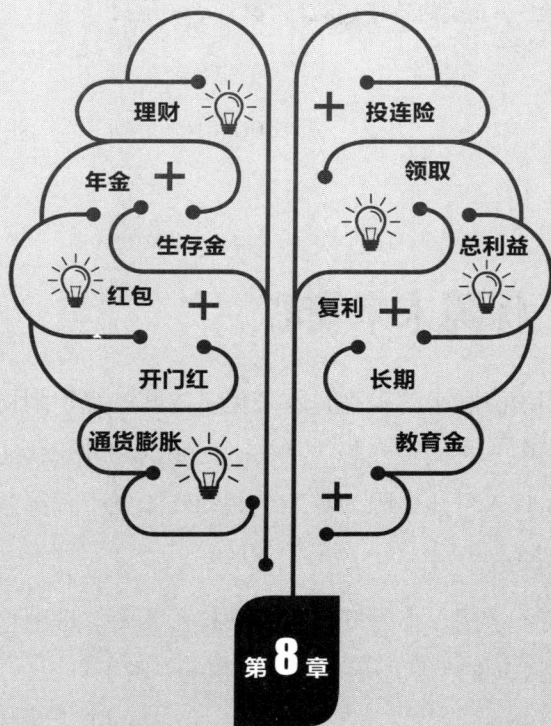

理财型保险帮你守住财富

　　除了保障性质的保险，理财型保险也是热度很高的险种，什么分红、年金、教育金和养老金等，挑动着人们对财富膨胀的欲望和对美好生活向往的神经。更因为保险公司每年必搞的"开门红"营销策略让越来越多的人开始被理财险吸引。但是，理财型保险真有那么大魅力吗？本章就来摸摸它的底。

No.65
理财险，保障未来安心

随着人们经济水平的提高，越来越多人开始意识到稳定而有质量的生活是人生中一种比较理想的状态。但是这种理想状态是不一定会实现的，因为收入可能会因为辞职、调动和生意亏损等各种原因而起伏不定甚至中断。

积累财富不容易，但是守住财富同样不容易。理财型保险被很多人认为是实现稳定的品质生活和守住财富的一种工具。

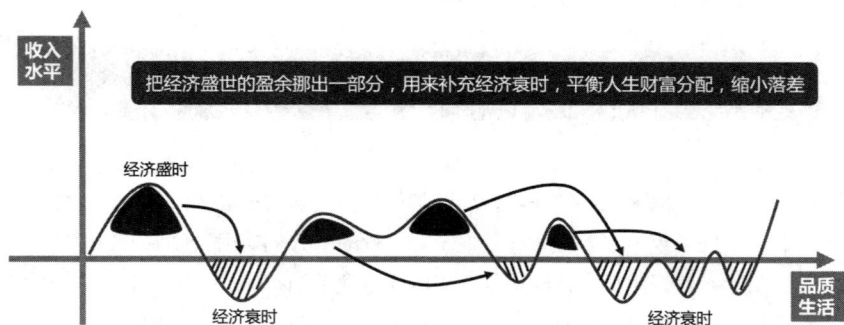

把现在好赚的钱挪出一部分留到未来不好赚的时候备用

与纯粹的保障型保险不同的是，保障型保险因为不知道"明天和意外谁先来"，所以保障了当下的安心。

而理财型保险因为稳稳地知道未来将要发生的事情，比如退休面临收入下降，所以早点做了储备，保障的是未来安心。

既然理财型保险保障的是未来安心，那么这个"未来"就是相对比较遥远的存在，比如 10 年、20 年之后，甚至更长。

按照这种时间跨度，要么为子女规划教育金，要么为自己规划养老金，也或是确实经济基础很好，增加投资的多样性。

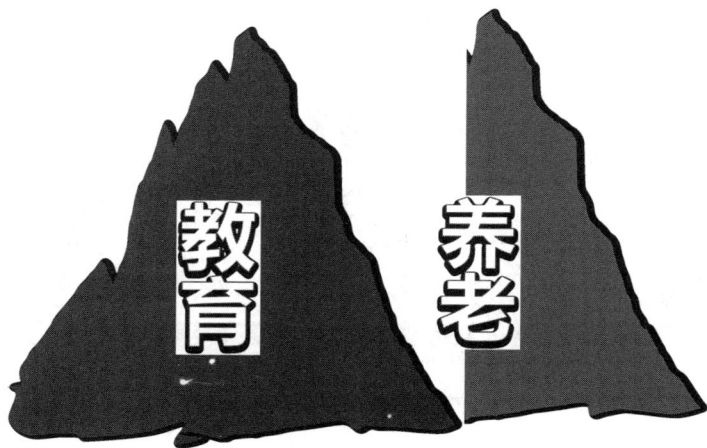

理财型保险通常被作为教育金和养老金储备

所以理财型保险必须长期持有才能获得稳定的收益并达到守住财富的最终目的。

No.66
该何时规划教育金和养老金

现实问题往往是矛盾的，该规划的时候没有钱，有钱的时候已经来不及规划。但是如果真的有这方面的意识，就应尽量提早准备，在合适的时间做相对合适的事情。

（1）教育金何时规划

在义务教育制度下，即使有很多学费高昂的私立学校存在，也基本不需要专门提早规划小学、初中的教育费用。教育金至少应该是作为高中，最好是大学或者是出国留学的费用储备。

通常来讲，年金性质的理财型保险，收益大概如下。

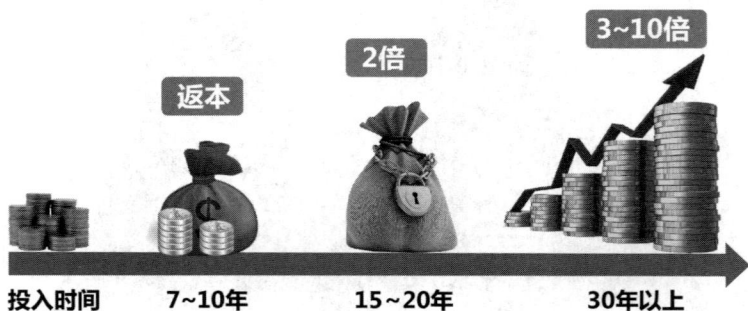

返本 **2倍** **3~10倍**

投入时间　　7~10年　　15~20年　　30年以上

理财型保险收益概况

从收益上看，至少 15 年才会有相对可观的回报，因此，倒推回去，如果要用保险储备高中教育金，孩子一岁之前就应该购买；如果是大学教育金，则应在 3 岁以前购买。这样才可以有稍微充足的时间杠杆来获取收益。

（2）养老金何时规划

养老是一个比教育更沉重的话题，"人活着，钱没了"并非小品里面的笑谈，而是现实生活的写照。我国跑步进入老龄化社会，年老了，收入大幅下降，而医疗支出快速增加。在这种情况下，想要过稍微有一定品质的老年生活，得需要源源不断的现金流入或者有充足的资金储备。

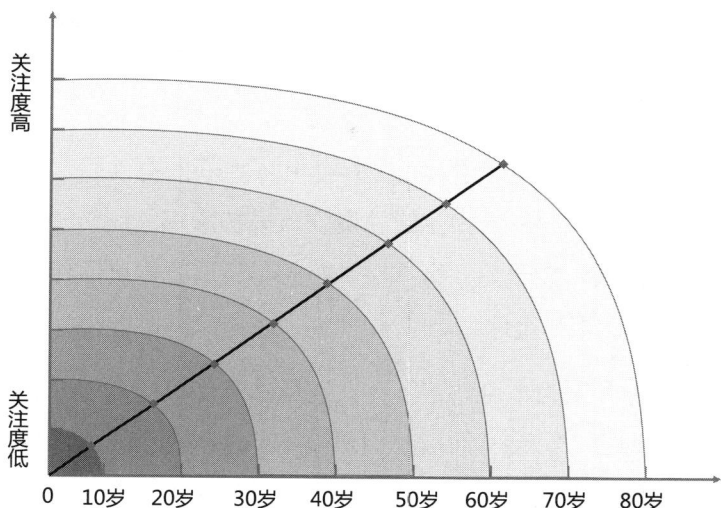

不同年龄对养老的关注度以及规划的增长空间

所以，与教育金规划一样，养老同样是利用保险的时间 + 复利，来达到资金增值的目的，想要资金增值越多，就需要越提早规划。考虑到 30 岁是比较合适的规划年龄，但是这个阶段的大多数人还在规划孩子的教育金，还可能背负着房贷、车贷等负债。因此，根据家庭经济盈余的情况，养老金最好在 40 岁前规划。

No.67
哪些人适合买年金保险

在保险公司的营销中，只要是个人，不管有钱没钱，都适合买年金保险，毕竟谁都会面临教育、养老、应急和资金断流等各种财务问题。

但是，营销是一回事，它是保险公司逐利的一种方式，实际上年金保险真不是每个人都适合购买的。一般如下 4 种人群适合购买。

（1）普通奋斗阶层中经济基础较好的

对于大多数上有老下有小的 25 ～ 40 岁之间的奋斗阶层们，如果收入不是很高，需要靠着稳定的薪资收入维持家庭的运转，努力提高家庭的生活品质和孩子的教育水平，并想早日晋升中产阶级的，这样的人群不适合购买年金保险。

为什么呢？因为本身储蓄不多，以后随时都可能需要救急或者抓住更好的短期投资机会。而年金型保险需要长期持有，灵活性低，流通性不强，所以一定要用盈余的钱购买，这样才不会影响正常的家庭生活运转。当然，如果经济压力不大，也可以拿出一部分的钱规划年金。

总结起来，普通奋斗阶层中有盈余的钱的人，可以考虑购买年金保险。这里的盈余，指的是留足了相对灵活的应急备用金和短期投资金之后剩余的钱。

普通人群一定要用盈余的钱买保险

由于普通奋斗阶层经济压力相对较大，因此，对美好生活的向往和摆脱现状的欲望更强，很多人也没有比较丰富的理财经验。保险营销人员就擅长制造这种幻象，让客户认为买了年金险，幸福就在前方等着，这种"画饼充饥"的言论听听即可，不要当真。

（2）生活品质较好的中产阶级

对于基本财务相对比较自由的中产阶级，这样的人群一般收入渠道不会单一，又有各种投资方式。所以，购买年金保险既能增加投资多样化，又能锁定一部分财富作为未来的备用金，建议购买。

因此，无论是经济基础、投资需求，还是保障意识，这部分人群都是保险公司极力营销并争取的主要潜在客户。

（3）暂时有稳定收入的老年群体

这里指的老年群体是 50 岁左右而且有收入的群体，比如自己在做生意或者有中等偏上的工资收入，在已经有了健康保险的前提下，也有一定储蓄的情况下，可以考虑拿出一部分钱来购买年金险。当然，如果年龄再大一点，可以不用考虑了，老实存钱吧。但如果确实有钱，想给自己孩子买保险或者给孙子买教育金，表达一份关爱，自己高兴就好。

（4）家庭关系复杂的群体

对于家庭关系复杂的群体，比如二婚组合家庭，在家庭关系比较和谐的阶段理智地提早规划未来可能面对的财务支出，可以降低以后家庭矛盾发生的概率。

所以，无论哪种人群，总结起来一句话，有闲钱的人适合购买年金保险。

No.68

同样的保障，选带分红的还是普通的

很多人对"分红"二字抱有天生的兴趣，甚至在买保障健康的保险时，也会偏向于购买分红型的健康险，以为这样就可以分得保险公司盈利的一杯羹。

到底是不是这样呢？那就先了解一下什么是"分红"。

分红保险是理财型保险的一种，是保险公司的实际经营成果优于保险定价时假设的盈余，因此按一定比例向保单持有人分享经营成果的一种操作。

敬呈 老先生 的专属投保方案				敬呈 老先生 的专属投保方案			
投保人				**投保人**			
老先生	男		30岁	老先生	男		30岁
被保人				**被保人**			
老先生	男		30岁	老先生	男		30岁
产品信息 普通型				**产品信息** 分红型			
产品简称	保额/份数	交费期/保险期	首年保费	产品简称	保额/份数	交费期/保险期	首年保费
■盛17	30万	20年/终身	￥6,450	■盛17	30万	20年/终身	￥8,790
■疾18Ⅱ	30万	20年/终身	￥3,240	■疾18Ⅱ	30万	20年/终身	￥2,790
		首年保费总计	￥9,690			首年保费总计	￥11,580

同样保额的普通型和分红型的保费差异

很多保险公司针对同样保障责任的保险也会出一款普通型的和一款分红型的，分红型的保险保费比普通型的通常高出 20% 左右。

如果简单计算一下，20 年缴费期，分红型保险比普通型保险多交的保费大概会等于预算利率下的 20 年分红。

也就是说，投保后 20 年内的累积分红其实就是自己多交出去的钱。所以，如果真想购买保障，不如把多预算的保费拿来购买更多保额，这才是稳稳当当的保障。

当然，分红型保险通常有两种红利分配方式。

分红的常见两种分配方式

◆ **交清增额**：用每年分配的红利购买对应额度的保额，因此，如果选择了这样的红利分配方式，该保单的保额会逐年上涨。这是一种很好的分配方式，可在一定程度上应对通胀造成的将来保额不足的情况。

◆ **累计生息**：最常见的一种红利分配方式，即以现金方式分配红利，投保人可以领取，也可以不领，不领取的话会以一定利率累计生息。

两种红利分配方式可在投保时自由选择，建议选择第一种方式，保额的增长比领取不多的现金红利更为实在。

No.69
走进保险公司的"开门红"

相信很多人都听说或者参加过保险公司的"开门红"盛宴，被各种"发布会""答谢会"或"抢购会"等套路过。这么一个喜庆吉祥的名词，放在保险公司，到底是什么东西呢？

多数保险公司年底必搞开门红

开门红，这种好彩头的用词其实是保险公司对自身的一种业绩期许，并不是用来祝福客户的。每年年底，很多人也会有年终奖、项目奖等大小不一的一笔收入，过年也会促进客户的消费欲望。保险公司抓住这个时机，推出一款新的年金型保险产品，加以各种营销包装，并配合各种营销策略，将产品卖出去，实现保险公司年底新增保费快速增长目的。

那么被"开门红"包装营销的年金产品到底是何方神圣呢？

其实就是一款返还型的年金险，缴费时间通常为 3 ～ 10 年不等，然后在固定的时间内返还多少钱。当然，另外再搭配一个复利增值的账户，返还的钱进入这个复利增值账户，然后产生收益。经过上述时间的复利增值，最终实现本金的倍数增长。

```
保费  →  以年金、生存金等形式返还  →  进入复利增值账户产生收益

现金价值      保单总收益
```

常见的开门红年金保险的账户运作逻辑

保单总收益是本身购买保单的现金价值和附加的复利账户的收益，附加账户的本金来自于所购主险返还的年金和生存金等。而且随着时间的积累，附加复利账户的收益占总收益的大头，因此，不管产品是从第几年开始返还年金，至少前 10 年都不要将返还的钱领取出来，因为这些钱是进入复利账户最终发生收益裂变的本钱。

开门红年金产品的缴费门槛通常不低，比如最低两万元起缴。无论该产品被冠以何种名义和开发背景，总之就是一款普通的年金险，如果没有购买年金的经济基础，就不要去凑热闹了。

保险加油站

2018 年之前，各大保险公司推出的开门红产品形态不一，但是从 2018 年开始，银保监会对年金型产品做了统一的规则制定。因此，现在的开门红产品基本大同小异。但保险公司为了配合产品销售，也会给业务员很多奖励方案，在各种动机的促使下，对年金型产品的说明难免过火。但作为客户来讲，认清保险的强制储蓄和适当收益的本质即可，不要被保险公司诱导而过度消费未来期望。

No.70
怎样看年金保险的收益

对于想要购买年金保险的人来说，收益是最重要的，投进去的钱，肯定得有相对有优势的收益，才可能愿意投资。

其实不管各个公司的年金险到底是怎么返钱，每年返多少比例，这些都不重要，也无须去搞清楚。因为年金产品需要长期持有才能获得稳定收益，因此在看保险方案的时候，只需看总收益即可。

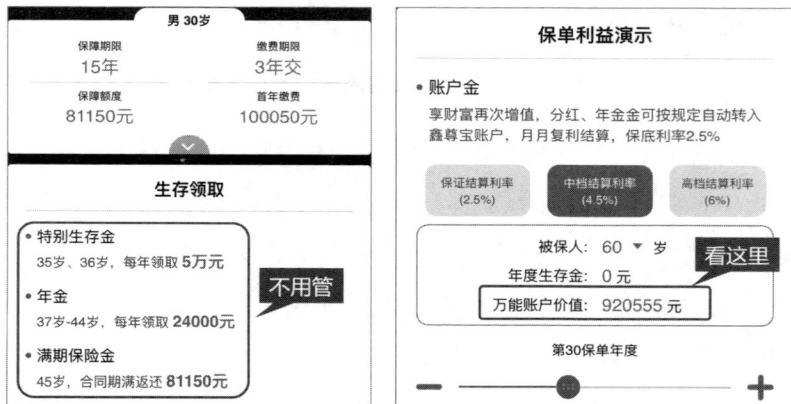

年金保险的收益看法

那么，不管什么类型的理财险，都可以这样看某一个时间的总收益。前面第几年返多少钱不重要，重要的是投资一段时间后，总的收益有多少。

但是，方案里面给客户演示的收益就是最终一定能拿到手的钱吗？肯定不是！

需要明白的是，方案的收益只是基于一定的利率假设而进行的演示收益，目前大多数保险公司的理财险基本都以中档结算利率（即 4.5%）

进行演示，有些胆大的公司或者业务员甚至以高档结算利率（即 6.0%）给客户演示。但是不管以多少利率进行演示，这些都不能确切地代表未来一定会得到的收益水平。

那么演示的利率是基于什么来假设的呢？它是基于目前该保险公司的理财险结算利率和盈利水平而假设的，所以未来收益到底如何，受保险公司的盈利能力而定。

每一份理财型保险都会有一个保证利率，比如 2.5% 或者 1.75% 等，保证利率远远低于演示利率。保证利率即不管未来该保险公司盈利如何，都必须保证至少以合同保证的利率让保单持有人的账户增值。

所以，在看方案收益的时候，既要关注以当前利率而合理推算的演示利率，也要看在最低保证利率水平下的收益如何。当然，一个公司即使不能永远处于比较良好的中档结算利率，但也不可能一直处于低水平的保证利率，所以，最保守的收益应该也是在保证利率和中档利率之间。

No.71
教育金、创业金、养老金可以兼得吗

在很多理财保险的营销宣传中，将保险收益过度包装。比如一份年金险，既可以用来做孩子的教育金、创业金或婚嫁金，还可以作为自己的养老金。在客户看来，似乎投资一份年金险，以后人生路上面临的几大笔支出都可以用这份保险解决。实际上并非完全如此。

某年金险收益宣传

在理财型保险的收益宣传里面，尤其是开门红产品，收益看起来都很可观，大学可以领多少、创业领多少、养老领多少以及以后身故后还可以留下多少等，一张保单，"福泽三代"。

这会给客户造成一个错觉，按照宣传里面的收益，也就是这些钱都可以领取，比如领取了大学教育金，30 岁左右又可以领一大笔钱作为创业金，以后老了还有更多的钱可以养老。

宣传里的收益通常按照中档利率在演示，有的公司也会按照高档利率演示（这个更不可信）。然而，各个重要的时间点有多少钱可以领取，是建立在之前的钱不领取的前提下，才可能在某个时间点有那么多钱可以领。

举个例子，上图所示中，如果在 5 岁和 6 岁每年领取 5 万元，中间每年还有一小笔生存金也都领取了，那就不可能在 18 岁的时候领取到 55 万元的教育金。

也就是说，按照宣传里的收益，只能得其一，不能兼得。

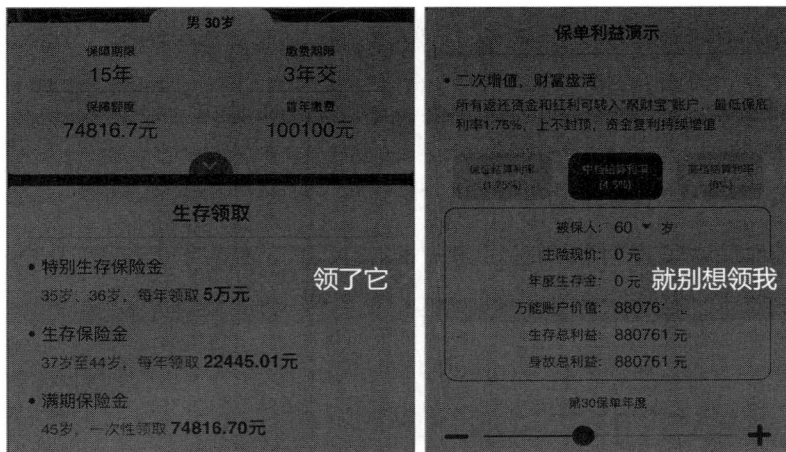

男 30岁

保障期限
15年

缴费期限
3年交

保额额度
74816.7元

首年保费
100100元

生存领取

- 特别生存保险金
  35岁、36岁，每年领取 **5万元**

  领了它

- 生存保险金
  37岁至44岁，每年领取 **22445.01元**

- 满期保险金
  45岁，一次性领取 **74816.70元**

保单利益演示

- 二次增值，财富盛活
  所有返还资金和红利可转入"聚财宝"账户，最低保底利率1.75%，上不封顶，资金复利持续增值

保证结算利率
（1.75%）

中高结算利率
（4.5%）

高档结算利率
（6%）

被保人：60 ▾ 岁
主险现价：0 元
年度生存金：0 元
万能账户价值：880761 元
生存总利益：880761 元
身故总利益：880761 元

就别想领我

第30保单年度

短期收益不能领

因此，如果每一笔生存金都领取出来，就相当于把自己的钱放在保险公司，整存零取，这就无法获取更高的收益，也无法做到强制储蓄。

当然，虽然领取的钱无法做到想当然地兼得，但是有一点需要明白，如果交的保费比较多，就类似于一口可以自己沁水的缸，自己装进去的水越多，能引出的水也越多，遇到要用钱的时候，适量舀出一部分，留下大部分，可以继续引水，这样也能保证备用金不干涸。

No.72
理财型保险缴费时间越短越好

前面讲过保障型保险的杠杆作用，因此缴费时间越长，杠杆作用越大。但是理财型保险不同，因为没有保障或者保障很少，无须去博弈杠杆，因此需要尽量缩短缴费时间。

（1）减少长期缴费的压力

如果是理财型主险搭配了保障型的附加险，那么缴费时间仍然选15 年以上更好。但是如果是纯理财型保险，而且主要目的是投资理财，尤其是保险公司的开门红产品，那么缴费时间最好不要超过 5 年，一般 3 年即可。

因为理财型保险年交保费比较高，通常至少两万元一年，缴费时间短，可以不用长期承受较大的缴费压力。如果想多投资，也不用拉长缴费年限，而直接提高年缴保费即可。

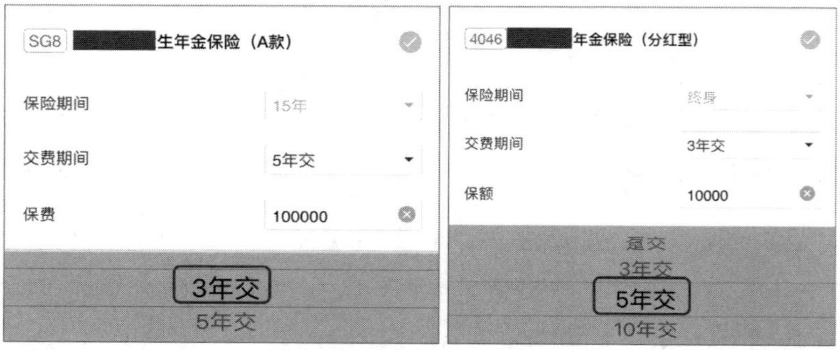

年金险选择 3 年或者 5 年缴费比较合适

当然，如果家庭财务状况比较有规律，比如想用每年的项目奖金或者年终奖来规划一笔养老金，那么也可以选择长一点的缴费时间。

（2）快速积累本金池

理财型保险的收益来源分为固定收益和浮动收益，其中浮动收益是不确定的，它来自于复利账户的资金增值和保险公司分红。

如果缴费时间短，本金池快速填满，那么分红的钱从一开始就会多一些，这样就有更多的钱快速进入复利账户，从而获取时间复利上的最大收益。

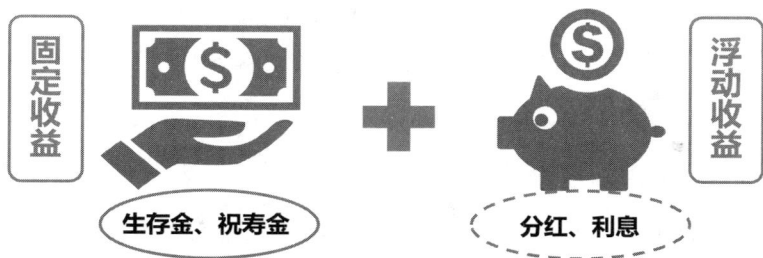

理财保险的收入来源

固定收益通常与缴费年限没有关系，而浮动收益则关系颇大，从长时间来看，浮动收益才是大头。因此，如果准备投资一份理财险，就在短短三五年内投资进去吧。

No.73
买理财险与存钱哪个划算

存钱，无论是存在银行，还是如今很多人存在余额宝或者其他互联网账户里面，都是人们习惯且认可的理财方式。

而当遇上理财险，势必要和普通的储蓄方式比较一番，看看到底谁划算。

（1）比收益

在选择投资方式的时候，收益是最重要的，也是一定要比较的。因为知道理财型保险需要长期持有才会有可观收益，如果选择常见的储蓄方式，也有复利计息的互联网存款。此处拿今年某开门红保险的演示收益和一款年化利率 3.5% 的互联网存款比一比收益。

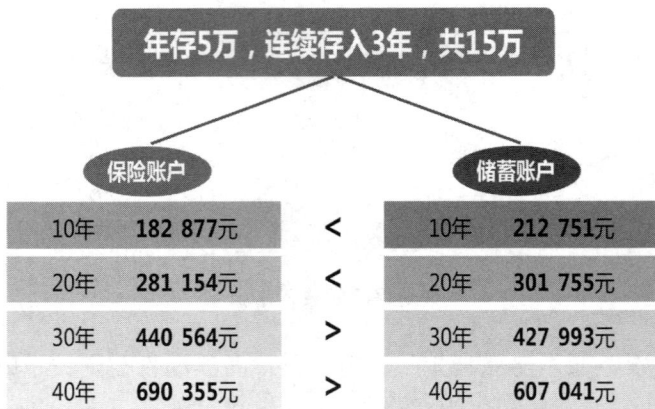

年存5万，连续存入3年，共15万

保险账户		储蓄账户	
10年	**182 877元**	10年	**212 751元**
20年	**281 154元**	20年	**301 755元**
30年	**440 564元**	30年	**427 993元**
40年	**690 355元**	40年	**607 041元**

保险账户和存款账户收益比较

从收益比较来看，因为存款账户设定的是年化收益率 3.5%，所以短期内存款账户收益略高，保险账户的演示收益略低。长期来看，保险账户收益稍高一点。

需要明白的是，此处的比较一切都是建立在当前收益水平能够保持几十年不变的情况，这本身就是一种理想状态，不能代表未来收益。如果整体经济形势不好，保险账户也不可能有现在演示的收益。

所以，从收益的比较上来看，储蓄账户更为划算，因为比 3.5% 更高的收益的互联网理财产品虽然有很多，但通常情况下，将资产锁定 30 年以上不动的，不太现实。

（2）比安全

互联网上的可以复利计息且也能灵活取用的产品基本都是基金，而保险产品是有固定收益的年金产品，对保险资金运用的监管也更加严格。因此，从安全上来讲，保险账户更加安全。

当然，如果是存在银行，安全性也很高，只是如果想有比较高的收益，要么起存金额比较高，要么需要自己麻烦一点，到期及时转存。

（3）比灵活

从灵活性来讲，储蓄账户显然是完胜保险账户的，甚至很多储蓄账户可以随时灵活取用，享受定期存款的收益、活期存款的灵活。而保险账户前 10 年内基本都不能动用，所以才建议一定要用真正盈余的钱购买。如果只是家里的一笔暂时不用的钱，最好不要放在保险账户里面的。

因此，总结起来，想要锁定资产、专款专用，选保险产品；想要获取更高的收益、灵活取用，选普通储蓄。

No.74
怎样选购投资连结保险

投资连结险简称投连险，顾名思义，就是既有保险功能又有投资功能的险种。

由于保险公司在开发固定利率的产品时，因为未来几十年的市场经济形势往往难以估量，但是为了吸引客户购买，一再推出尽可能高利率的产品，因此使得后期利差损的风险非常大。

为了转移风险，保险公司开发了投资连结保险，给客户提供保障的同时，让客户自行选择投资风险承受程度，风险由客户自己承担。

从保险公司的角度来讲，这样降低了后期的经营风险，稳定了偿付能力。从客户的角度讲，因为有保险公司这种资产巨无霸来把握投资，所以可能获取更加高额的收益，想象空间更大。因此，投资连结保险对一些风险偏好者来讲，也是很受欢迎的。

投资连结险虽然集投资和保障于一身，但是其主要目的还是投资。投保人支付的保费，保险公司在扣除一定的初始管理费用和当年对应的保障成本之后，剩余的钱都将拿去投资，投资得好，客户收益就高，反之，则会亏损。投连险的收益率没有保障，风险全由投保人自行承担。

既然投连险并不保险，那么，怎样选择一款合适的投连险呢？

（1）对比保障范围

不同公司、不同产品的投资连结险的保障程度不同，虽然是以投资为目的的投连险，但是其保障功能也是很重要的。一般的投连险都含有身故保障、全残保障还有保费豁免功能。客户还可以根据自身需求附加重疾、医疗的保障责任。

投资固然重要，但保障才是首要的。所以在选择投连险的时候，要对比哪个产品的保障责任较广，提供的服务项目较多，择优选择。

（2）对比公司历史经营情况

投连险的投资部分是很专业的，投保人相当于请了一个专业的经纪人（保险公司）帮自己打理资产，最终收益如何，除了受金融市场波动的影响，还与保险公司本身的资产经营能力有关。而反映这种能力的，就是历史经营情况。

值得注意的是，一些代理人在推销产品时，用产品短期内的净增长值来夸大其长期增值的能力，投保人一定要分辨清楚，因为这是长期投资，所以短期收益不具代表性。

业绩周期	平安基金投资账户	平安发展投资账户	平安保证收益投资账户	平安价值增长投资账户	平安精选权益投资账户	平安货币投资账户
2000/10/31-2000/12/31		9.79%				
2000/12/31-2001/12/31		6.68%				
2001/4/30-2001/12/31	-1.26%		2.77%			
2001/12/31-2002/12/31	0.80%	3.09%	4.49%			
2002/12/31-2003/12/25	6.30%	3.61%	3.01%			
2003/8/28-2003/12/25				1.02%		
2003/12/25-2004/12/31	-0.87%	0.44%	2.91%	2.00%		
2004/12/31-2005/12/29	3.31%	4.66%	2.63%	5.43%		
2005/12/29-2006/12/28	71.25%	39.34%	2.74%	13.95%		
2006/12/28-2007/12/27	93.08%	52.14%	3.51%	26.95%		
2007/12/27-2008/12/31	-31.57%	-16.54%	4.14%	1.92%	-37.58%	3.83%
2008/12/31-2009/12/31	43.59%	24.14%	3.55%	3.99%	52.24%	1.38%
2009/12/31-2010/12/31	-3.25%	-2.55%	3.47%	2.22%	-8.80%	2.07%
2010/12/31-2011/12/31	-20.19%	-11.75%	3.94%	1.48%	-28.29%	3.96%
2011/12/31-2012/12/31	0.90%	2.56%	4.00%	3.33%	11.26%	4.06%
2012/12/31-2013/12/31	7.60%	6.95%	4.25%	2.38%	13.15%	4.22%
2013/12/31-2014/12/31	20.64%	15.08%	5.08%	9.40%	5.04%	5.71%
2014/12/31-2015/12/31	36.27%	29.26%	4.15%	10.02%	55.41%	3.71%
2015/12/31-2016/12/31	-13.74%	-8.51%	4.08%	-1.79%	-9.79%	1.89%
2016/12/31-2017/12/31	11.52%	10.02%	4.62%	0.83%	24.68%	3.89%
2017/12/31-2018/6/29	-7.53%	-4.07%	2.62%	2.25%	-12.26%	2.51%
设立以来累计收益率	332.46%	291.52%	91.12%	123.20%	29.49%	45.14%

平安公司投资连结账户历史业绩

（3）谨慎评估自己的风险承受能力

进入投资账户的保费，保险公司一般会给客户提供保本型、稳健型、平衡型和进取型等几种账户类型，投资方向分别为货币、债市、混合和股票，风险从低到高。所以在购买投连险的时候，一定要理性而且慎重地评估自己的风险承受能力，否则，最终吃大亏的仍是自己。

🛢 保险加油站

投连险账户里的资金可以转换和调整，比如最近股市行情较好，可以将进取型账户里的资金比例调高一点。调整资金账户的配比或者转换资金账户的类型都可以有效地规避风险和抓住收益看好的机会。但是这个需要投保人自己平常善于研究和关注，因为账户资金配比也需要很专业的金融知识和市场洞察力。另外，投连险由于是保险公司帮忙投资管理，所以这中间存在着信用风险，有可能保险公司会克扣部分收益，客户既不知情也无从查证。

No.75
用保险保管孩子的压岁钱

每到过年，小孩子都会收到多少不一的压岁钱，越来越多的家长也有心想将孩子的压岁钱存起来。但是一方面可能由于钱并不多，另一方面没有养成习惯，东挪西用，压岁钱就这样没有了。

于是，有保险公司会抓住这点需求和心理，在春节期间宣传给孩子存压岁钱、存红包的保险。

放开那压岁钱，让我来

在保险公司的宣传中，用孩子的压岁钱给孩子买上一份保险，既能让孩子拥有保障，又能作为长大后的教育金，还可以给孩子传递正确的"用钱"意识。作用很多，但到底怎么用压岁钱购买合适的保险呢？

按目前的生活水平，各个孩子的压岁钱每年应该从几百元到上万元不等，因为压岁钱更多是对孩子的一种关爱和祝福，所以有理财意识的家长想将压岁钱留下来，等孩子长大后再一起给他，自由支配。

（1）几百元至几千元压岁钱如何强制留存

压岁钱本就是家庭的额外收入，即家庭日常开支并不依赖压岁钱。

但就是因为压岁钱并不多，怎么用了的，都不一定清楚。

在这种情况下，可以买一份年交保费跟压岁钱差不多的两全保险，保障时间可以是 20 年或者 30 年，到期后一次性拿生存金。既能保证压岁钱的稳定增值，最重要的是，以这种方式强制性地将压岁钱以零存整取的方式保留了下来。

投保人		
老王 先生	男	30岁

被保人		
小王 小朋友	男	0岁

产品信息

产品简称	保额/份数	交费期/保险期	首年保费
▇17	2万	20年/20年	￥1,784

首年保费总计 ￥1,784

被保险人20岁时　累计保费	35680 元
当年生存金	40000 元
现金价值(退保金)	40000 元
意外身故金	60000 元
疾病身故金	60000 元
疾病身故总利益(中档分红)	66089 元
生存总利益(中档分红)	46089 元
意外身故总利益(中档分红)	66089 元
当年红利	548 元
累积红利	6089 元

年交 1 784 元，20 年共交 35 680 元，20 年预计拿回 46 089 元

当然，如果与普通的储蓄或者互联网存款比较，保险收益会略低一点，所以投保人需要明白的是，用压岁钱买保险，最大的作用是"零存整取，强制存钱"。

（2）大额压岁钱如何用保险打理

有的孩子压岁钱数目惊人，动辄数万元，如果没有比较大的决心和有规划的用钱习惯，想用保险留下这笔钱，也是可以的。但是需要明白的是，大额压岁钱不宜长期缴费，因为压岁钱的数目一般并不稳定。

所以，如果买理财型保险，缴费期限最长不要超过 10 年。后期如果压岁钱有什么变化，也可以分阶段规划。

如果有良好而自律的用钱习惯，可以直接用储蓄的方式存储压岁钱，因为这样更自主，多少都能存，而不必像保险缴费那样必须缴足数额。

No.76
月光族如何用保险存钱

很多年轻人，尤其是单身人士，用钱很随性，相信"人生须臾，应当及时行乐"。但事实是，随着对人生世事的经历，潜意识里也会意识到储蓄的重要性，也希望自己有储蓄的习惯，积少成多。

如果能意识到储蓄的必要性，并严格表现在行动上，定下一个月存入额度，严格遵守，这样可以不用考虑用保险来强制储蓄。因为月光族的形成一方面是因为花钱随意，另一方面也是因为收入并不是很高。在这种情况下，未来需要用钱的地方很多，而保险资金很不灵活，不利于以后的应急需求。

但是，如果确实存钱习惯太差，按照自己能接受的品质生活的支出，每个月也确实有一定余钱可以留下，这种情况是可以用保险来存钱的。

小杜是一个 25 岁的单身女士，大学毕业后一直在一家外企里面上班，因为出色的英语水平，工作表现还不错，平均月收入大概一万元。小杜思想前卫，生活方式新潮，虽然收入不算低，一个月除了生活费、化妆品、朋友聚餐、看电影、买衣服、健身以及偶尔一次旅行，还有各种其他消费，一个月下来，工资所剩无几，一年也没有存下什么钱。屋子里的东西倒是越来越多，每年都要扔掉一批。

看着周围有亲朋好友通过存钱慢慢有了积蓄，逐渐实现人生的小目标，加上随着年龄的增长，小杜也深刻意识到储蓄的重要性，也坚持过，但终究还是不知道怎么就没存起来。

于是，朋友建议她买保险，她也有这个实力购买，综合评估后，每个月拿出 1 000 元购买保险作为理财，通过保险的强制储蓄让自己养成存钱的习惯，也能为以后留下一小笔养老补充。

通过了解和比较，小杜选择了一款缴费 20 年、保障 30 年的两全带分红的保险，月缴保费 900 元左右，30 年后，也就是小杜 55 岁的时候，一次性预计拿回 392 080 元，用这笔钱可以作为小杜的养老金。

被保险人55岁时　累计保费	215700 元
当年生存金	300000 元
现金价值(退保金)	300000 元
意外身故金	450000 元
疾病身故金	450000 元
疾病身故总利益(中档分红)	542080 元
生存总利益(中档分红)	392080 元
意外身故总利益(中档分红)	542080 元
当年红利	4158 元
累积红利	92080 元

投保人			
杜女士 女士		女	25岁

被保人			
杜女士 女士		女	25岁

产品信息

产品简称	保额/份数	交费期/保险期	首年保费
▆17	15万	20年/30年	¥10,785

首年保费总计：¥10,785

杜女士用强制储蓄的两全保险给自己留下了一笔养老金

月光族本身经济就存在巨大的不确定风险，如果没有任何保障，是不建议购买理财型保险的，保障型保险永远最重要。

大同小异的理财险，如何比较

保险发展到现在，各个公司在产品的开发形态上也逐渐成趋同之势。客户也有这种感觉，产品之间大同小异，购买的时候左右为难，不知如何选择。

（1）首评家庭经济情况是否适合购买

年金型保险作为保险公司主推的理财型险种，是一种长期、稳健且低息的投资，所以无论决定购买哪家保险公司的产品，首先最应该评估的是自己家庭的经济情况是否适合购买。再次重复一点，年金型产品是经济宽裕的家庭作为长期而稳健的一种投资。长期也就是评估家庭短期内不会有大的开支，而且就算有，家庭的现金流也能暂时抵挡住。如果评估后不满足这个条件，最好不要考虑年金保险。

适合购买年金型人群的通常评估条件

（2）评估公司经营情况

无论保险公司对年金产品的保证利率是 1.75% 还是 2.5%，从长期来看，收益差别都不是很大，而且目前各大保险公司都是基于中档甚至中高档利率假设的未来收益。所以，从长期来看，公司的整体经营状况的良好才是一款保险收益的最大保证，有句俗话叫"锅里有，碗里才有"，因此，购买实力雄厚、盈利能力强的公司的产品，才会更安心。

（3）鸡蛋不要放在一个篮子里

有的人买保险似乎会上瘾，年金保险买了又买。即使经济确实宽裕，有条件多锁定一份资产，也建议不要一直在同一家保险公司购买，分散购买可以降低风险。

No.78
通货膨胀，保险就不划算了吗

无论是购买保障型保险，还是理财型保险，都避免不了"通货膨胀"的话题，尤其是理财型保险，因为只有长期投入收益才客观，因此更容易顾虑到通货膨胀。现在看来几十万元还算值钱，但是再过几十年，到时候可能就不值钱了，教育储备、养老储备等可能也只是杯水车薪。

物价上涨，购买力下降，钱不值钱

的确，通货膨胀是任何金融领域都会面临的难题，在保险行业更加敏感。但是如果一味考虑通货膨胀，而拒绝保险，这是错误的。试想一下，通货膨胀一直都存在，任何资产都可能贬值，保险也是一种资产。

假如现在投入 50 万元，换来 30 年后的 200 万元，现在的 50 万元还算值钱，但是即使未来 200 万元的价值大不如今，但是如果到时候真有什么事情需要 200 万元，很多家庭也未必能轻易拿出。用现在经济宽裕之时的盈余留待来日可能面临的经济紧张，总比经济紧张时用更多的钱去博取保障来得轻松。

所以，不管把钱存在哪里，都会贬值，如果一味考虑通货膨胀，那就只有尽量把钱花在现在，保住现有的购买力。但这是不可能的，生活总有变数，不可能挣一分花一分。为了跑赢通胀，就需要合理配置资产，挣快钱的机会可以抓住，长期、稳健且安全的保险投资也是一种良好应对风险的储备。

从各种复杂的风险角度而言，安全也是高回报的一种体现

万能

部分领取

费用 ＋

断缴

期限

投资

保障成本 ＋

结算 ＋

现金价值

利率

追加保费

失效

＋

第 **9** 章

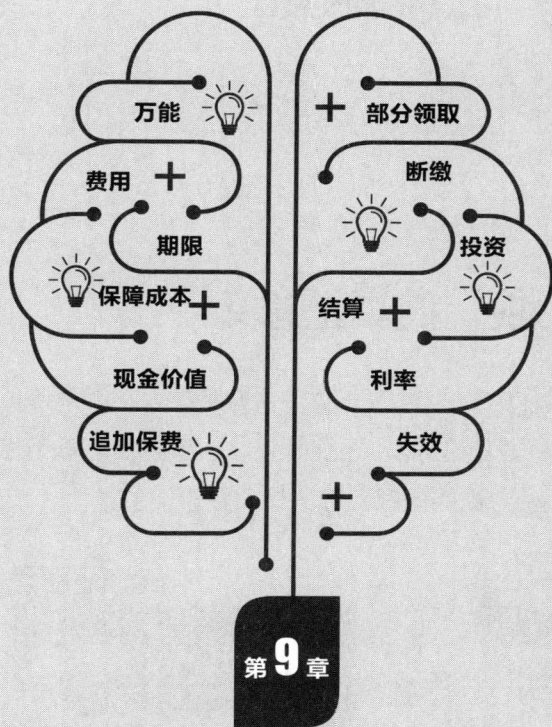

万能保险并非"万能"

　　万能险是介于分红与投连险之间的一种投资型寿险，在一再倡导"保险姓保"之前，万能险几乎是主流的销售产品，现在虽然呼声减弱，但仍有很多人购买。本章带你真正了解万能险的"万能"。

No.79
认识"万能"的真正意义

　　"万能险"，很厉害的名字。理所当然，这种保险的功能肯定应该很强大，既可以有保障，还能领钱，当养老金和教育金都可以。一份保单，解决两方面的问题，可谓是"万能"了。

万能险听起来很完美

　　万能险的英文名称是 Universal life insurance，准确的翻译应该是"综合性人寿保险"，而引进到我国后翻译为"万能"险，这种名称本身就有误导性，让客户听起来感觉万能、啥都能。当然，造成这种误解也与保险业务员的营销宣传。

　　确实，万能险兼具保障和理财的功能，但是真正的含义并不是什么都管，而是投保人可以根据家庭经济的实际情况和人生各个阶段的需求，进行保额、保费以及缴费期的调整。所以，"万能"二字，理解为"灵活性强"更符合产品的特点，它是保险公司针对此险种提供的一种服务方式。

那它究竟是怎么个灵活性强呢？

我们知道，一般的保险产品是相对死板的，通过保额计算出保费，且保额从一开始确定后，一直如此，保费也一样，交多少年也是从定好后就不能更改，中间也不能断缴。

万能险不一样，保费缴纳多少自己定，保额多少也自己决定，客户想交多少年就交多少年，中途可以根据自己的情况提高或者降低保额，哪一年经济紧张保费断缴也没有影响，而且个人账户里的钱还可以领取出来自由支配。

为什么呢？因为万能险最重要的一个东西是保单价值，账户价值随着保险费的缴纳、保单投资利息和持续奖励等增加；随着保障成本的扣除、部分现金领取和年金给付等减少。

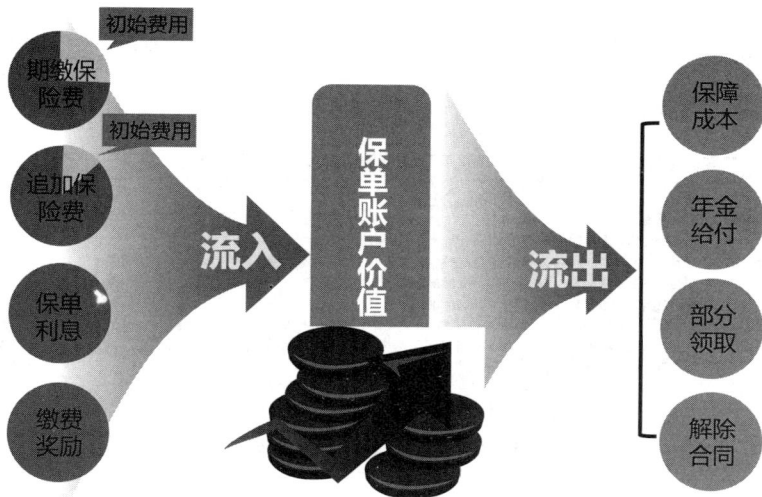

万能保险账户运作原理

万能险的保障成本采用的是自然费率，而不是传统保险的均衡费率，所以不同年龄扣除的保障成本是不一样的。因此，购买万能险的时候，只要缴纳了不低于最低要求的首期保费，够扣除接下来的初始费用和保障成本，保险就可以生效。

No.80
万能险到底要交多少年保费

很多购买了万能险或者接触过万能险的人对万能险的缴费年限认识非常浅显和片面，通常都是由业务员告知缴费年限。

万能险刚开始售卖的时候，为了产品好卖，很多业务员甚至给客户说的缴费 3 年至 5 年就可以不用缴费了，而大多数人购买的万能险被告知需要交 10 年以上。

如果翻开合同，会发现合同里面的缴费期限是"不限"，或者是"终身"，压根不是 3 年、5 年。

保险项目	保险期间	交费年限	基本保险金额/份数/档次	保险费
投保主险： 人生（840）	终身	不限	180,000元	4,000.00元
附加长险： 重疾（841）	终身	——	150,000元	——
豁免C加（847）	20年	——		

附加一年期短险：	基本保险金额/份数/档次	保险费	保险对象
医疗B（530）	20,000元	——	被保险人
意外13（552）	100,000元	——	被保险人

提示：交费年期"不限"表示在主险合同保险期间内，您可以在保险费约定支付日向我们支付　　人生的期交保费。同时为更好的保证您保单的有效性，如果您在交满10年期交保险费前缓交保险费，　　人生以及　　重疾的基本保险金额将会自动降低。具体规则请参见条款或产品说明书。

某万能险合同中缴费期限为"不限"

无论是"不限"还是"终身"缴费，都不代表缴费时间可以短至 5 年，哪怕是低于 10 年，都不可行。

为什么呢？

因为万能险是保障和理财兼具的投资型保险，类似于投连险。但是大多数人买万能险首要看中的是其保障。保险公司为了提供这份保障，就得每年从保单价值里面扣除当年对应的保障成本，缴费期间因为有保费的注入，所以不担心成本不够的问题。但是不再缴费后，保险公司每年就只能从保单价值里面扣除成本，年龄越大，扣得越多。而如果本身缴纳的保费就不多，缴费时间也短，是经不起后期高昂的成本扣除的。因此，就会面临保单失效的后果。

万能险缴费时间太短可能导致保单过早失效

所以，如果只是为了一份保障，本身期缴保费也不多的情况下，为了尽可能保证产品能保障终身，建议缴费时间不要低于 15 年，交 20 年最好。

但如果是为了投资存钱，则缴费时间没有上限，可以终身缴费。反正投入的资金越多，收益越大。

至于业务员说可以只交 10 年甚至 10 年以下，不要偏听偏信，除非期缴保费很高，则可以缩短缴费年限。

No.81
你的万能险不一定保终身

万能险，合同上写的是保终身，业务员也说保终身。万能险本身的产品规则确实是保终身的，不是定期保险。

但是，保障终身的前提是，保单账户价值可以一直支撑保障成本的扣除，否则，一旦账户价值太低或者为零，保单就将面临失效。

现实操作中，有哪些情况会加快保单失效的步伐呢？

（1）缴费太少，而保额太高

没有十全十美的保险产品，由于万能险保费和保额都可以自己定，所以有的人选择了一个很低标准的保额，却做足了保障的产品。或者因为现阶段家庭责任较重，所以专门把保额做高，待到缴费结束，本身累积的保单价值就少，而高保额就会对应较高的保障成本，因此很快就会将保单价值扣完，保险自然提早失效。

（2）经常领取，保单价值迅速减少

由于万能险的账户价值可以进行现金领取，这本身是它的一个优点，但是却也成了一个很不稳定的因素。

很多客户是不太自律的，因为可以领钱，所以客户可能在经济紧张的时候就把保单的价值领取一部分出来应急，结果不知不觉，东领取一笔，西领取一笔，这样入不敷出，保单账户价值迅速减少。

账户价值随着部分领取而减少的同时，还得继续扣除保障成本，所以，很可能也会提前导致保障失效。

账户价值流入少而流出多，保单将很快失效

其实这个不足不是因为产品不好，是因为投保人的自律性不强，就像在银行存钱一样，自己没有存到钱，不能怪银行存取自由。

（3）结算利率太低

一般情况下，大多数很愿意接受万能险的人其经济预算都不是很高，除非少部分看透万能险本质的人愿意多投资。所以大部分人保费都交得不多，业务员在演示万能险账户价值的时候，也通常基于中档利率演示，只要在中档利率下，账户价值可以支撑保障成本一直扣除到八九十岁，也就相当于保终身了。

但是如果未来保险公司给予的结算利率并没有那么高，低于中档利率，甚至只是保底利率，那么现金价值就没有一开始演示的那么多，自然不一定能保障终身了。

No.82
初始费用扣多少，一定要了解

初始费用就是保险公司从投保人缴纳的保险费中扣除的用于支付公司各项运营成本的费用。

其实，每个保险产品的保费中都包含了运营成本，只是因为万能险的费用非常透明，账户价值的每一项流进流出都需要向客户公开，而且万能险具备了太灵活的调节功能和投资功能，这势必要耗费保险公司更多的运营和管理成本，因此初始费用通常比较高。如下表所示为某公司万能险的初始费用比例。

某公司万能险的初始费用比例

每期期缴保险费	归属的保单年度				
	第 1 保单年度	第 2 保单年度	第 3 保单年度	第 4 至 5 保单年度	第 6 及以后各保单年度
10 000 元以下的部分（年交方式） 5 000 元以下的部分（半年交方式） 2 500 元以下的部分（季交方式） 833 元以下的部分（月交方式）	50%	25%	15%	10%	5%
超出 10 000 元的部分（年交方式） 超出 5 000 元的部分（半年交方式） 超出 2 500 元的部分（季交方式） 超出 833 元的部分（月交方式）	3%	3%	3%	3%	3%

追加保险费的初始费用占追加保险费的 3%。

因此，可以看出，该公司的初始费用是一直在扣除的，比如缴费 20 年，就要扣 20 年。前 5 年初始费用要高得多，第一是因为前面几年保险公司承担的赔偿风险较高（保费撬动的保额杠杆比例较大），而且还有业务员的佣金收入也在初始费用中扣除。因此，缴纳的保费中流入保单账户价值的钱将大大缩水。

查看保险利益金额		
被保险人31岁时　累计保费	6000 元	第一年扣除 50%
追加保费	0 元	
进入万能保单帐户的价值	3000 元	
初始费用	3000 元	

查看保险利益金额		
被保险人32岁时　累计保费	12000 元	第二年扣除 25%
追加保费	0 元	
进入万能保单帐户的价值	4500 元	
初始费用	1500 元	

期缴 6 000 元保费，第一年扣 3 000 元，第二年扣 1 500 元

虽然各个公司的万能险产品略有差异，但是原理都差不多，前 5 年初始费用的比例都不低，所以，保单的账户价值就低。而且因为投保的时间尚短，账户价值因为结算利息的增长部分很少，所以，买了万能险的客户，要是前面几年就想退保的话，损失是很大的。

虽然如此，并不是说这个产品就多么 "坑"，而是费用本身就是一笔必需的支出。买保险也不是为了退保，从长期来看，万能险仍然是保险兼理财的一个很好的产品。

No.83

持续关注万能险的保障成本

保障成本是万能险后期账户价值减少的主要原因。因此为了保证保险期间尽可能延续终身，购买万能险后，需要每年持续关注保障成本到底扣了多少，账户价值还剩多少等。

在购买万能险的时候，不同年龄、性别、期缴保费、缴纳年限及保额设置等，对应的每一年保障成本都是不同的。业务员给的电子方案中，按照不同利率演示下的情况，是可以看到以后各年直至保单终止的保障成本的。购买时可以往后多看一下，做到对自己的账户价值心中有数。

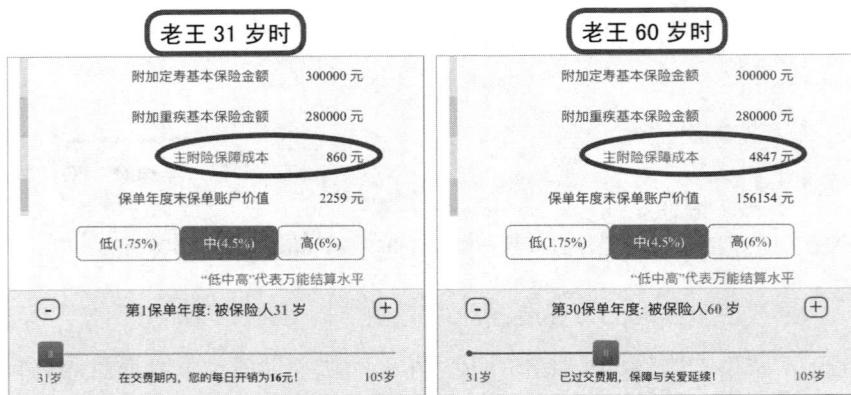

老王的一份万能保单的演示保障成本

保障成本在演示的时候只是一种预算假设，因为账户价值的钱属于客户，所以从账户价值里扣除的成本相当于把客户的钱花掉了，自然要让客户知晓。所以保险公司每年会给客户发送电子版或者纸质的万能险费用报告，里面会写明当年账户价值的流入和流出具体有哪些。

如果没有继续缴纳保费，账户价值的流入只有保单利息，而且如果保单利息不足以支撑保障成本，也就是到了开始入不敷出的时候，保单价值就会越来越少。如果眼看着账户价值可能不够扣了，想要尽量延长保障时间的话，可以怎么办呢？

追加保险费。既然账户价值入不敷出，那么就可以加大流入的量，也就是追加保险费，这种状况很常见，通常交了 10 年保费的客户在年龄渐老之后都可能面临需要追加保费才能保住保单的境况。

降低保额。保障成本跟保额有关，自然是保额越高，保障成本也就越高。所以，如果想少扣一点保障成本，可以根据实际情况适当降低保额，这也是节流的一种方式。

No.84
合理调整保额，发挥保单最大效力

与一般保险的固定保额不同的是，万能险可以灵活调整保额。这个功能有什么用呢？一起来看如下的例子。

客户张女士在 22 岁大学毕业的时候购买了一份年交保费 8 000 元的万能险，当时考虑到自己单身，父母身体也很健康且有稳定的收入，因此张女士责任很轻，所以在业务员的建议下，她一开始的重疾保额设置为 10 万元，这样扣除的保障成本很低，可以将更多的钱分配到保单账户价值中进行月复利增值，达到存钱的目的。

30 岁了，张女士生了小孩，也买了房子，负有房贷，家庭责任更重了。这个时候，张女士将自己的万能保单重疾保额调整到了 30 万元，虽然保障成本增加了，但有赖于前面几年的积累和保单利息，而且张女士还在缴费中，所以账户价值只增不减。

到 60 岁的时候，张女士的保单价值已经高达 50 万元左右了，这时，张女士本身保养得很好，身体也不错，而且各种医疗保障也很全面，因此，为了多一些养老的资本，她再次把保额调到最低，然后将账户价值转换为年金领取，作为养老补充。

一张保单，在需要保障的时候加大保障力度，需要用钱的时候降低保障成本，这就是保额调整的意义。

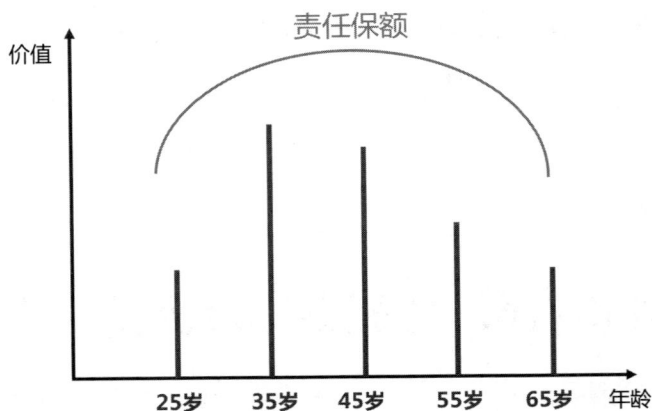

不同年龄阶段的责任保额不一样

灵活调整保额，应对人生不同阶段的需求，发挥保单的最大效力，这也是万能险的魅力所在。

虽然保额可以灵活调整，但是保额仍然有一定的约束条件，比如不能低于年缴保费的 20 倍，不能高于多少倍等。需要在约束区间内调整，但也基本能满足客户需求。

调整保额很方便，只需要去当地的保险公司柜面服务中心办理即可，或者致电客服电话进行移动端操作。

No.85

万能险的部分领取功能怎么用

在购买万能险的时候，无论业务员讲到其是可以用来做教育金、应急金还是养老金，其实都是指的万能险的部分领取功能。

部分领取也就是说在需要用钱的时候，可以将保单的账户价值领取一部分出来使用，或者在年老的时候，每年从保单价值中领取一定比例的现金作为养老金。但是，部分领取是有一定的约束条件的。

（1）年金领取必须生效满 5 年

这得益于 2018 年银保监会的 134 号文件，其实是想让保险尽量回归保障本质，让时间成为金钱最好的朋友，"今年交、明年领"这不是保险，给一定的时间约束，对于保障而言，其实是在保护客户的利益。

国家对保险公司的监管非常严格

（2）领取金额不能超过一定比例

为了限制客户领取太过自由，造成保单迅速失效，因此部分领取和年金领取都会有一个最高限额，比如有的公司规定年金领取不能高于所交保险费的 20%。

需要明白的是，大多数客户注入账户价值的保费并不高，但是领取的想法却很多，万能险由于太过灵活，因此也多了很多不确定因素。所以，部分领取后，产品的保额也可能会等额减少。比如保额设置为 20 万元，在 50 岁的时候账户价值有 16 万元，如果领取了两万元，那么账户价值则为 14 万元，保额减少为 18 万元。

所以，任何自由都是相对的，虽然可以灵活领取，但是一定要斟酌思量，不能太随意。

No.86
缴费时间长一点，豁免久一点

很多万能险是带有豁免功能的，比如父母给孩子购买万能险，可以豁免投保人。与传统保险不同的是，因为万能险兼具理财，所以如果投保人发生合同约定的保险事故，保险公司不但豁免余下的保费，而且还会替投保人把剩下的保费交清。也就是说，保单的账户价值仍然会像自己正常交保费那样只增不减。

贺先生喜得爱子后，在孩子 0 岁的时候为其购买了一份万能险，买的时候是出于两方面考虑：一方面有一个基本的保障，另一方面，可以作为大学教育金存着。

因为产品附带豁免投保人功能，在缴费期间内，如果投保人发生身故或者重疾，可豁免剩余的保费。贺先生考虑到自己工作压力大，也确实人到中年，焦虑的情绪更甚，虽然从保险规则上看因为孩子还小，保障成本很低，交 10 年也能保障一辈子，但是考虑到想做资金储备，所以贺先生决定缴费时间选为 20 年，豁免时间与缴费时间等长。

这样的话，假设贺先生不幸在交了 5 年保费后发生了重大疾病，此时，孩子的这份万能险就不用再缴费了，但是保障仍然不变，而且，到孩子 20 岁的时候，按照中档利率的收益水平，保单的账户价值有 16 万元左右，虽然贺先生实际上只交了 5 年保费共 3 万元，但是余下的 15 年保费由保险公司继续交进了账户价值里面。

如果当初贺先生选择的是 10 年缴费，那么第 5 年发生重疾的话，保险公司只会继续帮交余下 5 年的费用，自然，到孩子 20 岁的时候，账户价值也不会有 16 万元这么多了。

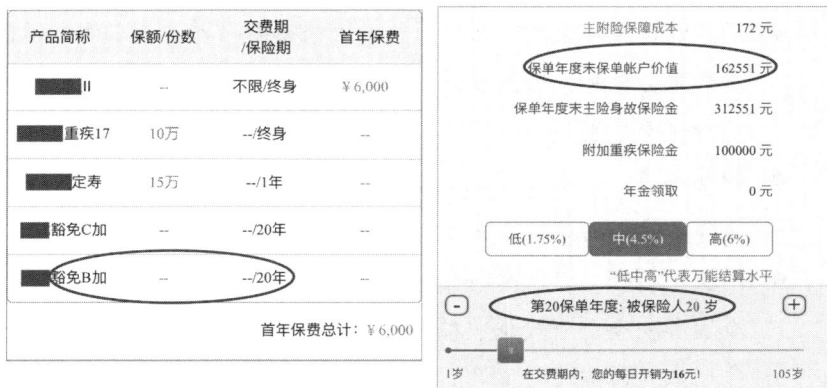

产品简称	保额/份数	交费期/保险期	首年保费
▉▉ II	--	不限/终身	￥6,000
▉▉ 重疾17	10万	--/终身	--
▉▉ 定寿	15万	--/1年	--
▉▉ 豁免C加	--	--/20年	--
▉▉ 豁免B加	--	--/20年	--
		首年保费总计：￥6,000	

主附险保障成本	172 元
保单年度末保单帐户价值	162551 元
保单年度末主险身故保险金	312551 元
附加重疾保险金	100000 元
年金领取	0 元

低(1.75%)　　中(4.5%)　　高(6%)

"低中高"代表万能结算水平

− 　第20保单年度：被保险人20岁　 ＋

1岁　　在交费期内，您的每日开销为16元！　　105岁

贺先生孩子的保障利益演示

因此，在购买万能险的时候，尤其是给孩子购买，缴费时间尽量选长一点，就算以后因为各种原因无法支撑长时间的缴费，比如选择 20 年，但是只交了 15 年，只要保单账户价值在扣除保障成本后依然呈正增长状态，就不用担心保障利益会失效。

No.87
哪些人适合买万能险

万能险名为万能，其实某些时候是万万不能的，现实中万能险很容易被客户接受，但实际上很多人是不适合购买万能险的。

想要清楚自己是否适合购买万能险，就需要了解万能险的缺点，概括如下。

◆ **可以部分领取**：很多客户经常把保单价值领取出来随意使用，甚至领取出来交保费，结果很容易造成保单失效。

◆ **缴费时间没有强制规定**：很有可能交了几年就不继续缴费了，造成保单价值过低，保障时间提前结束。

◆ **后期保障成本太高**：如果保额设置稍微高一点，年老的时候保障成本会很高，可能会面临本来年老就没有多少收入但是却要追加保费的困境。

◆ **收益不高**：目前万能险账户的结算利率通常在 4% 左右，如果想作为投资的话，市面上很容易找到高过这个收益的产品。

◆ **两头不看好**：看保障利益，万能险没有纯粹的保障型产品那么全面和安全；看投资收益，收益并不高，通常要 15 年左右才能回本，而纯理财型保险大约 8 年就可以回本。

所谓"成也萧何败也萧何"，其实，上面所说的缺点大多是万能险的优点，但是因为人有很多不可控因素，造成了结果与设想大相径庭的局面。因此，万能险作为一个带有"两面性"的保险，适合以下人群购买。

（1）经济基础一般，但是很自律的年轻人

由于万能险采用自然费率算法，使得它可以以较低的保费暂时获取普通保险无法做到的高额保障，所以，如果家庭经济一般，但是责任重大，自身又很自律，是比较适合购买万能险的。

第一，可以不用承担高额的保费，缴费压力小。因为经济一般，万一哪一年暂时交不出保费，保障也不会受影响。

第二，因为本身用钱自律，所以在缴费不多的情况下更不会随意支取账户价值，降低保单后期潜在的不稳定性。

第三，虽然收益不高，但是仍然可以细水长流当作理财习惯慢慢存钱，时间一长，也是一笔不小的资金。

（2）小孩

万能险作为给孩子既提供保障又当作教育金储备的产品，其实是不错的选择。因为小孩的保障成本很低，因此账户价值比较高，而且有的公司的万能险少儿版的保额和保单价值之间是不受影响的。

也就是说，如果领取了部分保单价值，保额不会减少，如果发生了重大疾病，不但赔保额，保单价值也可以视自己的需求领取出来，两者兼得，时间长的话，两者叠加的利益是很大的。

年纪稍长的人，比如 45 岁以后，缴费能力不是很高的话，是很不适合购买万能险的。年龄偏大，本身就需要保障，但是保障做高一点，加之年龄原因，保障成本会很高，后期风险很大，甚至很可能十几二十年后"竹篮打水一场空"，既拿不回保费，也没有了保额。

当然，不自律、花钱随意、大手大脚且保障意识并不强的人也是万万不适合购买万能险的，到时候既损失了自身利益，又连累了万能险的名声。

No.88
持续缴费，可以得到多少奖励

在 No.79 中我们知道，进入万能险的账户价值的其中一个是"持续缴费奖励"，那么这个奖励是怎么回事呢？

万能险持续缴费会有奖励

按照保险合同的标准定义，持续缴费特别奖励就是对于持续缴费的保单，满足合同约定的条件时，保险公司会按照投保人已付期缴保费的一定比例给予的奖励。

那么奖励有多少呢？

如果本主险合同生效日起 4 年内的每一期应付期交保险费，均在其**保险费约定支付日** [8]或其后的 60 日内支付，在您累计交满前 20 年应付期交保险费时，我们将发放持续交费特别奖励并计入保单账户。
累计交满前 20 年应付期交保险费时，持续交费特别奖励等于累计已付前 20 年期交保险费的 1%。
追加保险费不享有持续交费特别奖励。

某公司万能险中关于持续缴费特别奖励的条款说明

虽然各家公司产品不同，但基本上大同小异。持续缴费要求的时间很长，比如上图中要求要持续交 20 年才能有奖励。

至于奖励的比例，更是微乎其微。比如一个年交保费 5 000 元的万能险，交 20 年，20 年后会获得 5 000×20×1%=1 000（元）。

这简直就是小恩小惠。因此，缴费奖励根本不需要纳入万能险的购买考虑因素中，也不是本来已经缴费吃力但是仍然坚持缴费的动力，它真的就是可以忽略不计的小恩惠。

No.89
讲真，你可能根本接触不到万能险

时间倒退 5 年，那时候市面上很流行万能险，因为灵活、缴费时间短且可以领钱，很契合客户的心理。对于当时想要买保险的人，可能业务员会首推万能险。

但是现在，如果一个根本不了解保险类型的客户，也不能明确说出自身既想理财又想保障且缴费必须低的需求，有可能在咨询方案到购买的过程中，根本就不会听到"万能险"这个产品。

那么这是为什么呢？

（1）保险公司为了减少后期不确定风险的发生，避免纠纷

万能险从香饽饽变成如今的凉菜，原因之一就是因为它太灵活了，导致后期的不稳定情况发生的可能性太大，例如客户需要再次缴纳保费，或者保单失效。而且很多客户并不真正清楚万能险的账户原理，所以以后就可能产生纠纷甚至投诉，这是保险公司和监管委员会都不

希望看到的情况。所以，除了制定更多的条款和约束规则外，还减少了对万能险的推广力度，少卖一点，纠纷就少一点。

（2）万能险佣金太低，业务员不想卖

保险业务员的收入全靠业绩提成，而且只有首年提成较高，2 ~ 5 年提成逐年下降。但是万能险的业绩很低，比如同样的年交 10 000 元的保费，万能险的业绩可能并不是 10 000 元，而只有几千元，业绩少，佣金自然就少。作为靠业绩吃饭的业务员，怎么可能主动给你推荐挣钱少的产品呢？

除非是业务员在与客户沟通交流的过程中，发现客户这也不满意那也不满意，卖无可卖，不得已的情况下，奉上万能险看看能不能促成交易。

所以，有时你拿到的看似量身定做的方案，并不一定是适合你的，而是对方想让你看到的。

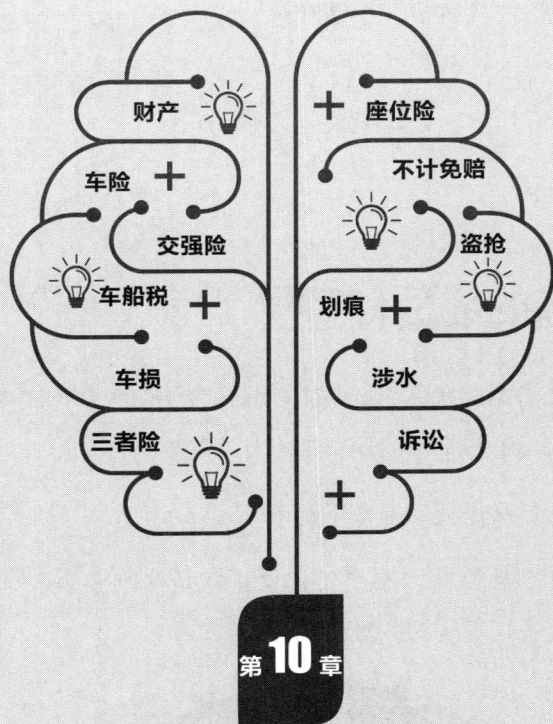

财产

车险 ✛

交强险

车船税 ✛

车损

三者险

座位险 ✛

不计免赔

盗抢

划痕 ✛

涉水

诉讼

✛

第 **10** 章

必不可少的财产险和其他责任险

　　寿险是以人作为保险标的，财产险则是以物作为保险标的，比如最常见的车险。所谓创业艰难守业更难，因此，了解如何用保险保护来之不易的财富很有必要。作为担任各种社会角色的我们，有时候用保险转移角色责任也能起到解决生活麻烦的作用。

No.90
车险家族的成员有哪些

得益于经济水平的提高以及国家政策的推动，汽车"走"进了千家万户。那么买了车子第一件事情干什么呢？

上保险啊！这是大家都知道的事。

上了些什么保险呢？不清楚，反正就是必须要买，车子值钱，也该买，这是很多有车族的购险情况。

车子必备车险

车险分为交强险和商业险两大类，其中交强险是强制购买，而商业险是自愿购买的。虽然名为自愿，但是 90% 的车主都会为爱车购买商业车险，这也是车险保费中支出最大的部分。

商业车险包含主险和附加险，主险有：机动车损失保险（简称车损险）、机动车第三者责任保险（简称三者险）、车上人员责任险（也

可称为座位险）和全车盗抢险。附加险有：玻璃单独破碎险、划痕险、
自燃险、发动机特别损失险（涉水险）、不计免赔险以及无法找到第
三方特约险。

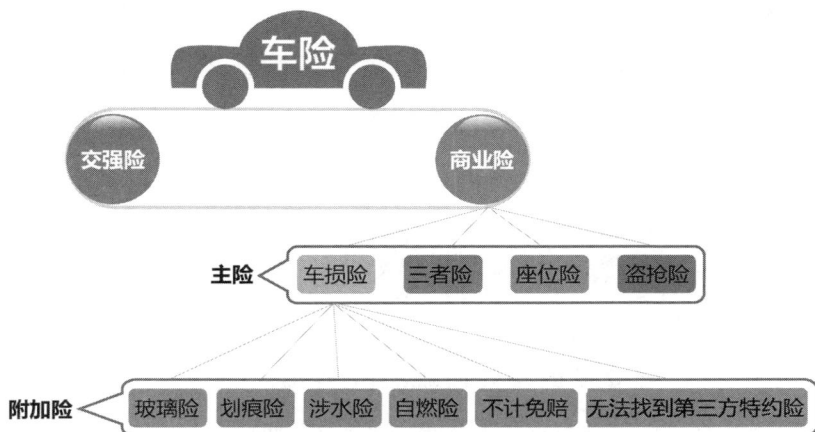

车险家族成员

在商业车险中，车主可以根据自己的实际需求选择上图中的部分
险种购买。但是如果不买主险，附加险是买不了的。

除了交强险和商业险，每年的购险费用中还有一笔几百至上千元
不等的费用，那就是车船税。

用车必交车船使用税

No.91
认识必须购买的交强险和税

交强险全称"机动车交通事故责任强制保险"，它是我国首个由国家法律规定的强制保险制度。全国实行统一收费标准，但是不同的车型标准不同，主要依据"汽车座位数"确定费用。因其包含的机动车种类较多，这里只讲家庭和个人自用的私家车。

| 6座及以上 | **1100** 元/年 | 交强险 |
| 6座以下 | **950** 元/年 | |

全国统一的私家车交强险首年收费标准

交强险采用的是浮动费率机制，过户车也按新车费率标准计缴。续保时，保费与出险次数、脱保和过户等都有关，任意一项变了，保费也会变。但是大多数人都比较关心的是出险次数对保费的影响，相关数据如下表。

交强险出险次数和保费上下浮动的关系

出险次数	浮动比例
一年没有发生己方负责的交通事故	减免 10%
两年没有发生己方负责的交通事故	减免 20%
三年及以上没有发生己方负责的交通事故	减免 30%
上一年发生一次己方负责的交通事故	保费维持不变
上一年发生两次及以上己方负责的交通事故	增加 10%
上一年发生己方负责的交通死亡事故	增加 30%

所以，如果不出险，6 座及以上的私家车，续保交强险保费最低分

别是第 1 年 1 100 元、第 2 年 990 元、第 3 年 880 元、第 4 年及以后每年 770 元；6 座以下的则为 950 元、855 元、760 元和 665 元。

因此，想要节约保费，保持良好的驾驶习惯和严格遵守交通规则很重要。

交强险的实施除了具有强制性，还有公益性。因为交强险的免责条款很少，这样可以最大限度地保护受害者，促进社会和谐。

交强险责任免除条款

第十条　下列损失和费用，交强险不负责赔偿和垫付

（一）因受害人故意造成的交通事故的损失；

（二）被保险人所有的财产及被保险机动车上的财产遭受的损失；

（三）被保险人机动车发生交通事故，致使受害人停业、停驶、停电、停水、停气、停产、通讯或者网络中断、数据丢失、电压变化等造成的损失以及受害人财产因市场价格变动造成的贬值、修理后因价值降低造成的损失等其他各种间接损失；

（四）因交通事故产生的仲裁或者诉讼费用以及其他相关费用；

交强险的免责条款很少，体现其公益性

从条款中可以明确知道，碰瓷是不会赔偿的。

正因为交强险的公益性和强制性，而且保费不贵，所以其保险责任也比较基础，限额不高，如下表所示。

交强险的保险责任

有责任	赔偿限额	无责任	赔偿限额
死亡伤残	110 000 元	死亡伤残	11 000 元
医疗费用	10 000 元	医疗费用	1 000 元
财产损失	2 000 元	财产损失	100 元

因为交强险保护的是受伤害人，没有保护车和车内的人，而且保额不高，所以才有购买商业车险的必要。

除了交强险，另一个强制收费的车船税是怎么回事呢？

车船税是一种财产税，从 2007 年 7 月 1 日开始，有车一族在投保交强险时需要缴纳车船税。

各个地区车船税略有差异，但是总的来说费用并不高，因为车辆是一种能源消耗用具，对环境污染有直接影响，所以费用根据车辆发动机的排量制定，排量越大，税费越高；排量越小，税费越低。相关征收档次如下表所示。

车船税按排量征收档次

排量	税费
1.0 升（含）以下	60 ~ 360 元
1.0 ~ 1.6 升（含）	300 ~ 540 元
1.6 ~ 2.0 升（含）	360 ~ 660 元
2.0 ~ 2.5 升（含）	660 ~ 1 200 元
2.5 ~ 3.0 升（含）	1 200 ~ 2 400 元
3.0 ~ 4.0 升（含）	2 400 ~ 3 600 元
4.0 升以上	3 600 ~ 5 400 元

车船税的缴费时间只要是在当年内都可以，并非像保险那样必须在到期时间或者前一个月缴纳。也就是说，2018 年的车船税，可以在 2018 年 1 月 1 日 ~ 12 月 31 日之间任何时间缴纳都可，因为车船税是按自然年算的。

但是为了方便，车船税一般在购买交强险时都一并由保险公司统一代收了。而且车子年审时也会检查是否交税，因此，一般不存在忘记缴纳的情况。

但是，如果真的逾期未交，会产生滞纳金，以 0.5‰的日利息累计滞纳金，时间一长，数额还是不少。

然而，并不是所有汽车都需要缴车船税的。为了节约能源，降低污染，推动新能源汽车的发展，国家对节能汽车实施了车船税减半征收或者免征的政策。当然，节能汽车需要符合一定的节能标准，需要专业数据的支撑。

对符合条件的节能汽车实行车船税优惠政策

No.92
爱车必买车损险

车损险是商业险中最主要的一个险种，85% 以上的人都会购买车损险。但是很多车主对其并不十分了解。

我们知道交强险是保护别人的人身或者财产安全，而不是自己；而车损险是保护自己的爱车的保险，买了车，疼爱不已，生怕磕了碰了，修理起来花钱也心疼，因此，车损险是很有必要购买的。

按照保险条款的规定，车损险主要负责赔偿以下原因造成的本车损失。

◆　碰撞、倾覆和坠落。

◆　火灾、爆炸。

◆ 外界物体坠落、倒塌。

◆ 暴风、龙卷风。

◆ 雷击、雹灾、暴雨、洪水和海啸。

◆ 地陷、冰陷、崖崩、雪崩、泥石流和滑坡。

◆ 载运保险车辆的渡船遭受自然灾害（只限于有驾驶人员随车照料者）。

举个例子，晚上车子停在小区，结果刮风吹倒了旁边的树，树倒下把车子砸坏，车损险要赔偿；新手开车不熟练，倒车时碰到路边的栏杆，造成车辆损伤，车损险负责赔偿。

在保险责任中，自然灾害基本上都包含了，但有一项例外，那就是"地震"，地震造成的车辆损失不会赔偿。但如果是非直接的地震原因，比如地震造成旁边楼上的花盆掉落，砸中了车，如果可以举证，保险公司是会赔付的。

保险加油站

为什么其他自然灾害都保，唯独地震除外呢？其实不仅仅是车险，在众多财产险中，地震都被列入了除外责任，事实上这是由保险原理决定的。可保风险的基本条件就是风险不能同时使大多数保险对象都遭受损失，这就起不到风险分散的作用，地震是大面积的，损失难以估计，保险公司不敢轻易承保。

有保险责任还不够，免责责任也很重要，被保车辆发生下列损失和费用，保险公司不予赔付。

◆ 自然磨损、朽蚀、故障及轮胎单独损坏。

◆ 玻璃单独破碎、无明显碰撞痕迹的车身划痕、天窗及倒车镜单独破损。

◆ 人工直接供油、高温烘烤造成的损失。

◆ 自燃以及不明原因引起火灾造成的损失。

◆ 在淹及排气筒或进气管的水中启动，或被水淹后未经必要处理而启动车辆，致使发动机损坏。

◆ 被盗窃、抢劫、抢夺，以及因被盗窃、抢劫、抢夺受到损坏或车上零部件、附属设备丢失。

记住几个重要的点：轮胎单独损坏、玻璃单独损坏、单独的车身划痕、自燃以及水中二次打火都不赔。但是这些保障空白可以用附加险来填补。

车损险因为理赔概率高，所以它的费用也是车险中最贵的，保费根据新车购置价来确定，价值逐年折旧，保费也随之下降。比如一台价值 10 万元的车，车损保额最高则为 10 万元，也可以买 10 万元以下，买多少保额，车子在推定全损的状态下就赔多少。所以，投保时一定要足额投保。

那么，理赔时车损可以赔多少呢？

车损险理赔的比例跟车辆受损的具体原因有关，一般来讲，根据事故责任的不同，赔付比例为 30% ~ 80% 不等。

No.93
赔不起别人的损失——买三者险

三者险，顾名思义就是保护第三方的保险，也就是赔偿本车以外的人身伤亡或者财产损失。

可以说，三者险是比车损险投保率更高的一个险种，高达 99%。

有的车太旧，车主出于节约费用考虑，车损险都可以不买，反正车子很破了，有什么损坏自己给钱修理了也没关系。但是三者险是一定会买的，如果开车出去发生了意外，撞到了别人，或者损害了第三方的财物，三者险来赔。

（1）三者险额度一定要买够

三者险的保额可以自己确定，当然，保额越高，保费越贵。虽然小磕小碰没有多大的赔偿负担，但是如果发生第三者人身伤亡，赔付的金额就不是一般人能承受的，高达百万元亦算正常，具体可参考如下表所示的赔偿额度。

各地人员死亡赔偿额度（万元）

排名	省市	死亡赔偿金	排名	省市	死亡赔偿金
1	上海	111	19	湖北	59
2	宁波	102	20	海南	59
3	北京	99	21	四川	58
4	深圳	99	22	陕西	58
5	浙江	92	23	云南	58
6	厦门	90	24	广西	58
7	青岛	89	25	河北	57
8	江苏	81	26	江西	57
9	大连	78	27	河南	57
10	天津	76	28	山西	56
11	福建	73	29	宁夏	56
12	广东	72	30	新疆	56
13	辽宁	69	31	吉林	56
14	山东	68	32	青海	55
15	内蒙古	68	33	黑龙江	54
16	湖南	60	34	贵州	53
17	重庆	60	35	甘肃	50
18	安徽	59	全国		70

死亡赔偿金额是怎么计算的呢？根据死者年龄、户口类型、纯收入、年平均工资、消费支出以及死者需要抚养的人数等综合计算的。所以，经济越发达的地区，死亡赔偿金越高。按照这个表中的数据，三者险100 万元都不一定解决得了所有问题。

还有一种情况也可能面临第三者的高额赔付，那就是撞了豪车，动辄几十万元上百万元的修理费也是普通人无法承受的。

哦天，这得赔多少啊……

"豪车之吻"伤不起

所以，建议三者险额度至少 100 万元起买。如果在沿海等经济较发达的地区，建议至少买 150 万元额度。

（2）撞了亲属不能获赔

三者险赔的是车子外面的人伤或者物损，但是有一种情况除外，如果受伤甚至身亡的人是驾车人的家人，则不能获得赔付。

虽然撞死亲属的概率很小，但现实中确实有这样的情况，比如爸爸倒车，不小心撞死了站在车外的孩子，这种情况是不能获得赔偿的。这样的免责条款也是为了能在一定程度上规避道德风险。

No.94
保护自己和家人——座位险

通过前面的内容我们知道，车损险是保车的；三者险是保别人的。其实，一旦发生驾车意外事故，最关心的其实是自己的家人有没有受伤，可见，潜意识里最关心的都是人的安危。

实际上，在严重交通事故的车险理赔中，车比人贵的案例比比皆是，车子损毁可以赔几十万元，但是车内因此而伤亡的人却一分也赔不到。

车贵还是人贵？

现实中，车比人贵的现象比比皆是

座位险就是专赔本车司机和乘客的，在交通事故中，如果是被保险车辆的司机的责任造成本车人员伤亡，座位险则负责赔付医疗费或者身故金。

座位险分为司机和乘客座位，很多人通常买 1 万元 / 座，能买到 5 万元 / 座的都不多。但是如果座位险买得太高，保费很贵。因此，为了弥补座位险保额太低的不足，可以单独买驾乘险来补充。建议座位险加上驾乘险共同购买时，额度至少 20 万元 / 座，费用 300 元左右。

座位险	险种	保额	保费
机动车车上人员责任保险（司机）不计免赔		20万 ▼	￥239.05
机动车车上人员责任保险（乘客）不计免赔		20万 ▼	￥606.37

驾乘意外险			
保障对象	保障责任	保额	价格
司机	身故、残疾	50万	
乘客	身故、残疾	10万	258元/年
司机	意外医疗	10万	
乘客	意外医疗	2万	

车险中的座位险（上）和单独的驾乘险（下）价格比较

需要明白一点的是，如果是双车甚至多车事故，对方的责任造成我方车内人员伤亡的，则用对方的交强险和三者险赔付，不属于我方座位险的保障责任。

当然，如果车主经常开车，除了配置一定额度的座位险外，还应该配置高额的综合意外险，保障更全面。

No.95
认清盗抢险的赔付责任

有很多人在购买车险的时候，会购买盗抢险。是的，车子值钱，万一被偷车贼盯上了，损失可就大了。

但是，盗抢险到底是怎么保的？估计大多数人都不清楚。

盗抢险名为"全车盗抢险"，保险标的是"全车"，也就是说要全车被盗，才会赔付。如果只是车上的一部分零件或者车内财物被盗，则不属于盗抢险的保险责任。

赵先生因为工作原因，时常把车停在一些无人看管的荒僻场地，结果一日赵先生办完事出来开车，发现车子轮胎被盗了，赵先生申请盗抢险赔付，但是并没有获赔。

刘先生同样遇到了车子被盗的情况，但是刘先生发现的时候，整辆车都不见了，报案后，在警方的帮助下，经过一段时间的寻找，车子最终被找到了，但是车轮胎已经被卸掉不见了，刘先生申请盗抢险理赔，保险公司赔偿了刘先生的车轮胎费用。

轮胎被盗和全车被盗并找回但是缺了轮胎，一个不赔，一个赔

因此，盗抢险适合以下情况购买。

新车。新车价值较高，比较惹眼，因此成为偷车贼的目标的概率比较大。所以，买新车的朋友第一年给车子上保险的时候，可以加上"全车盗抢险"。同理，豪车或者比较贵的车，不管是不是新车，只要价

值较高，也有必要买盗抢险。

常停在治安不太好的地方。有的车主因为工作或者本身居住的原因，可能周围环境比较杂，小偷出没的概率较高，这样的话也有必要购买盗抢险。

盗抢险的价格与车子本身的价值有关，但是总的来说并不贵，一台价值 10 万元的车，盗抢险价格 200 元左右。

No.96
车险中必须买的附加险——不计免赔

在车险理赔中，无论是车损险还是三者险，都有绝对免赔率，就类似于医院报销的门槛费或者自付比例。车险赔偿的比例并不是 100%，而是依据条款，被保险人自身也需要承担 5% ~ 20% 的费用。

假如在一次交通事故中，被保险人负全部责任，需要向受害方赔偿 50 万元，那么此时三者险的赔偿比例是 80%，剩下的 20%，即 10 万元需要车主自己赔偿给受害人。

车险中根据责任的划分实行不同的免赔率

责任划分	免赔率
被保险人负全部责任	20%
被保险人负主要责任	15%
被保险人负同等责任	10%
被保险人负次要责任	5%

如果购买了不计免赔险，那么一旦发生理赔，本该由自己承担的

那部分也会转嫁给保险公司承担，这样，赔付比例就可以达到 100%。

不计免赔的费率比较便宜，一经推出，就很受欢迎。购买车险的时候，一般只要购买了不计免赔，那么不计免赔就会应用到购买的所有主险上。也就是说假如购买了车损险、三者险和座位险，加上不计免赔附加险，那么不计免赔就会应用到车损险、三者险和座位险这 3个主险上。当然，也可以根据自己的需求购买某一个或几个主险的不计免赔。但是建议车损和三者险一定要附加"不计免赔特约险"。

险别	保障金额（赔偿金额）	保险费小计	相关说明
机动车损失保险	97504.40	588.72	不计免赔特约险：88.31元
机动车第三者责任险	1000000.00	568.35	不计免赔特约险：85.25元
玻璃单独破碎险	不投保		
机动车全车盗抢险	不投保		
车上人员责任险：驾驶员	10000.00	10.39	不计免赔特约险：1.56元
车上人员责任险：乘客	4座×10000.00	26.36	不计免赔特约险：3.95元
发动机涉水损失险	97504.40	29.44	不计免赔特约险：4.42元
机动车损失保险无法找到第三方特约险		14.72	

某保险公司对某辆车的商业险不计免赔报价

在投保不计免赔的险的时候，可能也会有一些"坑"存在，投保人要向保险公司询问清楚。

◆ **限定行驶区域**：如果投保时限定了行驶区域，那么超过限定区域的话，不计免赔则不予赔付。因此投保时要注意这个问题。

◆ **限定免赔次数**：有的保险公司为了缩减责任，会限定不计免赔的理赔次数，如果一年内理赔了多次，则不会赔付。

另外，当发生的保险事故找不到责任方或者责任很难确定的，也不在不计免赔的理赔范围内。

No.97
其他附加险适合什么情况购买

玻璃险、涉水险、自燃险、划痕险以及无法找到第三方责任特约险等，这些附加险购买的意义视情况而定。

（1）玻璃险

玻璃险也称"玻璃单独破碎险"，在车损险中，是不包含玻璃单独破碎的赔付的。比如，高速路上被飞石击破了玻璃、车体振荡破碎的玻璃都是不能进行车损理赔的。如果想要玻璃单独破碎也能理赔，就需要投保玻璃险。

玻璃险的保障范围包括：前挡风玻璃和车窗玻璃，也就是前后左右的几块玻璃。

天窗玻璃：不包含　　√ 车窗玻璃：包含
√ 前挡风玻璃：包含　　√ 后窗玻璃：包含
车灯玻璃：不包含
车镜玻璃：不包含

玻璃险保障范围

玻璃险投保时没有固定的保额，只需要选择"国产玻璃"或者"进口玻璃"，选择哪种类别的玻璃，理赔时就按照相应的价格赔偿。但是如果选择的是国产玻璃，而安装的是进口玻璃，保险公司是不会赔偿其中的差价的。

还有一点需要注意，玻璃险对于玻璃上的附属物是不予赔付的。

贴膜	标识	附加设备
更换玻璃时，贴膜不能再用，不予赔付	诸如交强险、年检标识、环保标识等	例如电子导航仪、行车记录仪等

玻璃险不承担的几种损失

玻璃比较好的车，或者安装的是比较昂贵的进口玻璃的车主，也或者是停车的地方较为偏僻，可能会遭小偷恶意砸坏玻璃实施偷盗的车主，可以考虑投保玻璃险。

（2）涉水险

每年夏天，很多地方都会因为暴雨、城市内涝产生一大批泡水车，而车损险中将"发动机进水导致的损失"做了除外责任。而一个汽车最重要也最贵的部位就是发动机，如果要保障发动机进水造成的损失，则需要购买涉水险。

车辆被水淹导致发动机受损

特别需要强调的一点是当车辆行驶在积水路面或者被水淹而导致熄火之后，如果驾驶者还强行再次启动车子，也就是保险公司所说的"二次打火"，这种情况下，无论是车损险还是涉水险，都不会赔付。

如果驾车的地区多雨，是有必要购买涉水险的，否则，可以免予考虑。

（3）自燃险

自燃险保障的是在车辆使用过程中，由于本车电器、线路、供油系统发生故障及运载货物自身原因起火燃烧，造成车辆损失，以及车主在事故中为了减少损失而实施的施救措施产生的费用，自燃险负责赔偿。

简单来说，假如车辆停放的地方附近发生火灾，导致车辆燃烧受损，则车损险负责赔付。但是如果是高温天气导致车子本身汽油蒸发引起自燃，车损险不能赔付，自燃险赔付；或者车子里面放了打火机，打火机燃烧导致车辆燃烧，那么仍然由自燃险负责赔付。

建议车龄 8 年以上的老车投保自燃险，因为线路老化，属于高危车。如果居住地区温度较高，也建议投保自燃险。虽然汽车自燃的情况并不常见，但是一旦发生，则损失比较大。

（4）划痕险

相信很多车主都有车子被刮花的经历，好好的车子，看着车身上明显的划痕，实在心疼和碍眼。但是车损险是不负责单独的划痕修补费用的，也就是说如果车辆没有明显的碰撞痕迹，只是油漆被划伤了，是无法用车损险理赔的。

虽然现实中车辆遭遇刮痕的情况还算常见，但是划痕险的投保率并不高，原因总结起来有两点。

第一，因为修补划痕一般费用并不高，如果报了保险，还得影响第二年的保费，小损失自己承担了也没有关系。

第二，有的人自作聪明，伪造现场，达到用车损险理赔划痕费用的目的。比如本来只有划痕，于是找个地方故意撞一下，造成车损，因此就符合车损险的理赔条件了。但是这种行为既属于骗保又具有安全风险，所以绝不能这么做。

那么，什么车可以考虑买划痕险呢？

◆ **停车地方"熊"孩子较多**：熊孩子的破坏力是很大的，他们有可能会极具创造力地把车身当画板，拿着石块刻画，为了弥补这种无语的损失，建议投保划痕险。

◆ **新车**：新车车身锃光瓦亮，刮伤了很心疼，而且车主对新车的爱护之心也很重，通常会选择正规的 4S 店进行修补，费用自然不少。

（5）无法找到第三方特约险

这是非常有必要购买的一个附加险，价格非常便宜，但是很实用。为什么呢？想想下面的场景。

◆ 车子停在路边，办完事回来发现车子被人划伤了，但是找不到是谁干的。

◆ 驾驶途中，遭到了对方车辆的剐蹭，责任在对方，但是对方却驾车逃逸了。

怎么办？本该由别人负责的赔偿现在却需要自己承担。这时，如果购买了无法找到第三方责任特约险，就可以由保险公司负责赔付。

无法找到第三方责任特约险的保费大概是车损价格的 2.5%，通常在 20~100 元之间，因其价格便宜又实用，所以投保率很高，也建议车主都将这个保险加上。

No.98

车险理赔后，第二年保费如何变化

基本上 99% 的车主都会关心这个问题，买了车险本来就是为了转移风险，但是一旦申请理赔，第二年保费还得多交，尤其是一些小额理赔，算来算去怕不划算，有的车主甚至选择不报案，自己承担。

车险的保费确实与出险次数相关，采用浮动费率机制，出险次数越多，次年续保时保费则越贵。当然，如果连续多年不出险，续保时会享受非常优惠的折扣。

保费浮动分为交强险和商业险的浮动，交强险的保费浮动在NO.91 已经讲了，这里讲讲商业险的保费浮动。

影响商业车险价格主要有 4 个因素：无赔付优待系数、自主渠道系数、自主核保系数和交通违法系数。

至于理赔后导致次年保费的上涨，就是因为"无赔款优待系数"的变化而导致的。

🈳 保险加油站

无赔款优待系数也就是常听说的 NCD 系数，该系数是由车险信息平台统一查询后返回的，不能更改，起到"奖优罚劣"的效果。在商业车险条款管理制度改革（费改）以前，无赔款优待系数的上下浮动区间为 30%，也就是说最低可以打 7 折。但是费改之后，加大了"奖优"的力度，最低为 6 折，最高可以上浮一倍。

费改后的无赔付优惠待遇系数

出险次数	无赔付优惠待遇系数
连续 3 年无赔付	0.60
连续两年无赔付	0.70
上年无赔付	0.85
新车	1.00
赔付一次	1.00
赔付两次	1.25
赔付 3 次	1.50
赔付 4 次	1.75
赔付 5 次及以上	2.00
平台有不浮动原因	1.00

商业车险保费 = 基准保费 × 无赔付优待系数 × 自主核保系数 × 自主渠道系数 × 交通违法系数。

假设在其他系数都不变的情况下，那么到底何种情况可以报案理赔，哪种情况自己承担呢？有一个比较简单的方法。

假如今年车险保费是"无赔付优待系数"为"1"而计算的，保费为 5 000 元，那么按照浮动系数档次，当年无赔付，次年保费应该为 5 000×0.85=4 250 元；但是如果申请赔付一次，次年仍然为 5 000 元，所以，如果修车的费用低于 750 元，可以自己承担。

这里讲的是我方责任的情况，但是如果是对方责任，对方是报案还是自己承担我方修车的费用，由对方自己决定。

还有一点，如果是我方责任，造成对方车辆的损失，如果损失费用在 2 000 元以内，可以申请交强险赔付。因为交强险有 2 000 元的财产损失保额。如果交强险赔不完，剩下的钱不多的话，例如 500 元以下，可以自己拿钱补贴给对方，如果差额较高，还是要报商业车险。

No.99

新车和旧车必买险种有哪些

　　有这样一种现象，有人买了新车之后，一是因为爱车心切，二是自己本身就不懂，加上 4S 店的人员一营销，就给车子买了所谓的"全险"。

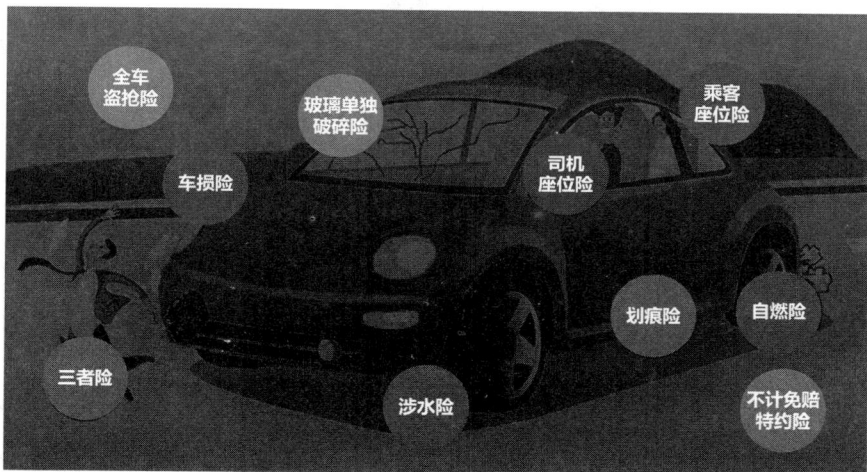

爱车心切，给车上"全险"

　　与这种情况相反的是，有的人因为车子很旧，加之希望节约保费，因此不买商业车险，一张交强险保单走天下。

　　当然，更多的车主是基于一定的经验了解，然后参考别人的买法和保险公司的推荐，做了一个"可能相对合适"的决定。

　　（1）新车

　　刚买的新车，因为处于磨合期，加之大多数车主可能还是新手，那么车险除了交强险，商业险至少购买以下几种。

新车必买的几种商业车险

其他附加险，例如座位险，则根据家庭成员和驾驶者的已有保险的情况而定，涉水险、划痕险等都视环境决定。

（2）旧车（车龄 8 年以上）

如果是新手开旧车用来练手，建议投保车损险、三者险、自燃险、车上人员责任险以及不计免赔。

但是如果是熟手，驾驶技巧很熟练了，那么选择最重要的保障范围即可，建议投保：三者险、自燃险。

（3）新旧之间

大多数车都处于这个阶段，车主基本已经开熟练了，对车子的爱护之心也渐渐归于平静淡然。在购买车险的时候选择最重要的保障购买，附加险同样根据用车情况而定。

这类车建议购买：车损险、三者险、座位险和不计免赔特约险。

No.100
同一家公司，为什么车险报价不同

只要买过车险，并在两个及以上的代理人或者渠道商处咨询过价格的，就会发现，不但不同公司之间车险保费差异较大，甚至同一家公司的不同代理人或者不同渠道报出的价格都不同。

A业务员：您的车险最终报价3 255元

B业务员：您的车险最终报价3 140元

车险存在不同公司、同一家公司不同渠道，报价不同的现象

不同公司价格不同倒觉得正常，但是同一家公司报价不同，就有点难以理解了。

很简单，在前面我们知道商业车险保费中有两个自主系数：自主核保系数和自主渠道系数。因为这两个系数由保险公司自己确定，所以会存在不同公司之间的保费差异。

车险发展到现在，竞争非常激烈，市场几乎接近透明，不同公司的系统报价基本相同，就算有差异，也很少，基本可以忽略不计。除非是有的公司为了开拓市场，争取客户资源，打价格战。

但是客户的感受是，车险价格没有定论，无论是不同公司还是同一家公司，报价差异少则一两百元，多则五六百元甚至上千元都有可能。

自主渠道系数是影响报价的一个原因，但是最大原因是：返佣。

返佣是违反保险经营规则的行为，但是竞争导致的返佣已经成为车险行业公开的秘密。虽然监管也在采取措施禁止，但是目前效果并不理想。

车险返佣已是行业公开的秘密

举个例子，客户买车险，本身系统报价为 3 500 元，假设个险渠道的提成比例为 20%，也就是说，假如该业务员一分钱不挣，如果不计个人应纳税额，他最多可以返佣保费的 20%，最终收取客户 3 500−3 500×0.2=2 800（元），客户少给的 700 元钱需要业务员自己先拿钱垫上。

但是作为靠销售赚取收入的业务员，不可能一分钱不挣，除非是非常特殊的客户，所以，他们会根据与客户的关系、客户的潜在价值（比如是否有寿险开发价值，是否可以充当转介绍中心等）、客户是否在多方比价以及客户对价格是否最敏感等各种因素，在自己的佣金比例中进行适当让利。这其实是一个业务员与客户的博弈过程，博弈的最根本基础是：双方信息不对称。

返佣是违法行为，大多数渠道商，尤其是个险业务员也对此觉得苦不堪言。但是无奈市场如此，多赚少赚总归可以赚一点，如果一点不返，那就可能一分钱都赚不到了。但是从市场发展来看，返佣不会长久存在。

No.101

打讨债官司，购买诉讼财产保全险

如今，打官司是一件很常见的事情，尤其是民间借贷的盛行，最后因为债务纠纷闹得对簿公堂一点都不稀奇。

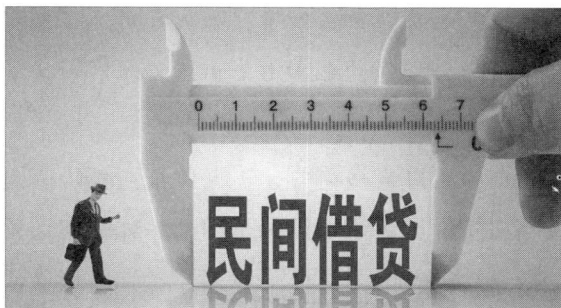

民间借贷纠纷多

老张因为做生意需要资金周转，便向老王借了高利贷，到期后，老张因为生意经营不善，一直没有还钱给老王，老王多次催债无果，一怒之下把老张告上了法院，请求法院强制执行。

但是打官司的过程很长啊，老王担心这官司打到猴年马月，而老张名下有几套房产，他是可以把房子卖了给自己还钱的，万一这期间老张悄悄把房子卖掉，把钱转移了，到头来岂不竹篮打水一场空？

为了保险起见，老王申请法院暂时先冻结老张的房产。

老张心里也不服气，房子地段好，租金高，这期间租出去都能收不少钱，凭什么冻结啊？谁来赔偿我的损失啊？

为了解决这个问题，法院通常会采取让申请人（老王）提供担保，并让其提供与想要冻结的财产等值金额的现金或者不动产，以及第三方提供的信用担保。

老王心里也犯嘀咕了，本来借钱没还就已经够倒霉了，现在官司还没打，还需要自己先搭钱进去抵押。

通过律师的建议，老王了解到保险公司有诉讼保全责任险，可以替代担保，只要自己提供相关资料和申请，通过了保险公司律师团队的风险审核，保险公司就会出具保函，法院即可执行争议财产的冻结。

如此一来，老张的房产被冻结了，如果官司赢了，可以用房产顺利执行还债，诉讼保全的保费也由老张出；如果官司输了，冻结房产期间给老张造成的损失，由保险公司承担。

从上面的故事中可以大概得知，诉讼保全责任险就是在保险期间内，被保险人向法院提出诉讼财产保全申请，如因申请错误致使被申请人遭受损失的，经法院判决由被保险人承担损害赔偿责任，保险人（保险公司）根据条款规定在赔偿限额内承担赔偿责任。

诉讼保险责任险

优势一
- ✓ 保费定价便宜
- ✓ 投保方式简单
- ✓ 不向当事人追偿

优势二
- ✓ 保险公司经营稳定性强
- ✓ 保险公司信用等级高，资本雄厚
- ✓ 理赔及时

优势三
- ✓ 法院不需要再对当事人的担保财产进行核定、评估

诉讼保全责任保险的优势

诉讼保全责任险的保费通常为被冻结资产价值的 1‰～3‰，也就是如果申请 100 万元的资产冻结，保费为 1 000 ～ 3 000 元之间。目前很多保险公司在该区间的定价比较灵活，如果客户多方比价的话，保险公司很可能直接按最低费率报价。

No.102

买房不易，给房子上一份家财险

对于很多人来说，需要倾尽所有并背负巨额房贷才能拥有房子，即使压力再大，它也是让人愿意负重前行的"家"。

但是，看似稳固的房子也会潜藏无数风险，比如火灾、水管破裂导致家具和装修损坏以及入室盗窃等。小损失无所谓，但是万一不小心遭遇房子着火这种比较大的灾难，半生辛劳都将付之东流。

虽然家庭发生诸如房屋这种静止财产受损的概率很低，但是一旦发生，损失巨大。

所以，给家上一份"家庭财产保险"，可以有效弥补风险造成的损失，保障来之不易的财富。

给家上一份"家庭财产保险"

家庭财产保险一年几十元到几千元不等，具体要看购买的限额，保障范围一般为房屋主体、装修及室内财产等，有的还有诸如银行卡被盗刷这种附加险。但是需要明白的是，财产险不是买多少额度，发生合同约定事故后就赔多少额度，而是根据损失的额度在限额内赔付，不会超过受损财物的实际价值。

套餐	保障内容	保额	保费
基础款（火险）	房屋主体、室内财产、房屋装修（均只承保火险）	100万	100元
	水暖管爆裂保险	10万	
标准款	房屋主体、室内财产、房屋装修	100万	168元
	水暖管爆裂保险	10万	
高端款	房屋主体、室内财产、房屋装修	1000万	1088元
	水暖管爆裂保障	100万	
	盗抢综合保障	100万	

某公司的家庭财产保险价格

与其他所有保险一样，购买家财险的时候也要看清楚保险责任和免除责任，避免不必要的纠纷。

第五条　下列财产不属于本保险合同的保险标的：

（一）金银、首饰、珠宝、货币、有价证券、票证、邮票、古玩、文件、账册、技术资料、图表、动植物以及其他无法鉴定价值的财产；

（二）违章建筑、危险建筑、非法占有的财产；

（三）用于生产经营的财产；

（四）其他保险单中载明的不属于保障范围的财产；

（五）其他不属于第四条所列范围的财产。

某家财险条款中写明的除外保险标的

投保家财险时，要注意被保险人应该填写不动产权证上载明的名字。比如不动产权证上显示的是父母的房子，子女在居住，就应填写父母的名字。

No.103

家有保姆，购买保姆责任险

如今，很多城里人由于自己上班无暇照看孩子或者老人，都会请保姆。有的是从家政公司请的，有的是私下介绍的。如果是后一种，则建议雇主给保姆买上一份保姆责任险。

所谓保姆责任险，其实就是保姆在被雇佣期间，如果在雇主家里发生意外情况，导致伤亡，保险公司向受伤害者赔付医药费或者意外身故金。

无论请保姆之前有什么口头上的约法三章，如果真在雇主家里出了事，于情于理雇主都难以完全撇清责任。所以，花 100 元左右购买一份保姆责任险，可以有效避免可能发生的纠纷并转移风险。

这里所说的保姆责任险，只是对这个保险功能的一种说法，有的公司可能叫"家政人员综合保险"，也有的叫"家庭人员责任保险"。无论哪一种，购买最重要的保障范围即可，即意外伤害和意外医疗。至于保姆可能因为不小心损坏家里物品，因为很多物品的价值也是难以估量的，也难以举证，可以不用购买。

某公司推出的一款家政服务保险

如果是自己经人介绍，以私人对私人的身份请的保姆，也无法提供与保姆之间雇佣关系的证明，也可以由雇主出钱以保姆自己的名义购买一份一年期或者半年期的意外险，只要将保姆可能在雇佣期间发生的意外风险转移出去即可，不限于是否是家政人员保险。

由于很多保姆阿姨年龄较大，所以在给保姆购买保险的时候，要注意保险承保对象的年龄范围。

家政雇佣责任险
意外伤害 意外医疗

优惠价：**￥50** 起

保险期限：一年

承保年龄：0-70周岁；家政人员年龄：18（含）—65（含）周岁

销售区域：全国

立即购买

添加到收藏夹>>

评分：★★★★☆

注意保姆责任险的承保年龄

有的家政人员保险不包括亲属人员（对于亲属人员的界定，保险条款中会给出准确释义，一般指近亲属），也就是如果是自己的亲人在给自己照看孩子或者老人，很可能是买不到家政保险的。此时，像上面说的那样，以对方的身份购买一份意外险也是一样的效果。

合同

复杂 +

晦涩

除外 +

责任

代理

培训 +

招数

送礼

博弈 +

保单检视

APP

+

第**11**章

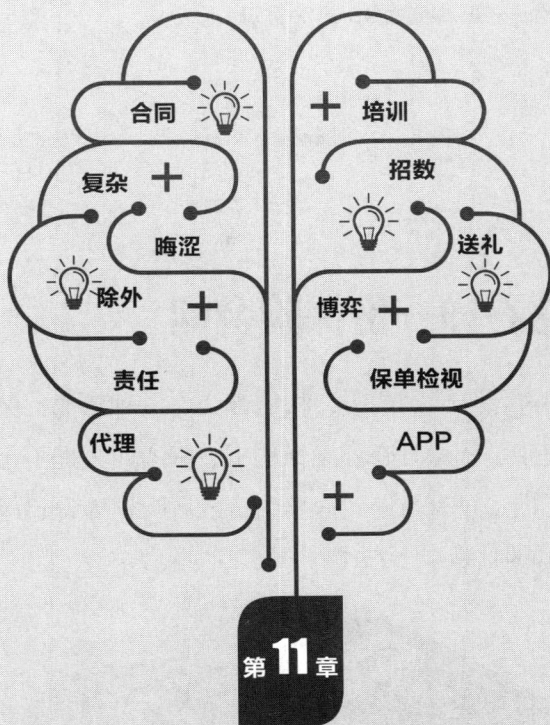

雾里看花，保持理性最重要

　　无论是保险产品还是保险公司的营销大法，都可谓是纷繁迷乱，让人感觉雾里看花。作为客户，想要降低被营销的可能，买到合适的产品，只有在相信专业的基础上，理清自己的需求，保持理性，才能在琳琅满目的产品中和庞大的营销队伍中找到适合自己的那盘菜。

No.104
怎样快速看懂一份保险合同

80% 看到过保险合同的人，相信都会有一种感觉：保险合同就像一本很厚的复杂、枯燥且晦涩难懂的书，根本叫人提不起看的兴趣，当然，也看不懂。只有当遇到理赔纠纷或者听别人说起保险合同中可能存在"坑"的时候，才会去翻一翻。

保险合同不太通俗易懂

首先，需要为保险合同正一下名，合同本身不会像传言那样故意设"坑"，而是保险合同是一份具有法律效用的正式文件，合同内容的多少跟保障范围的大小相关。现实中，当一件有可能是合同中所保障的事情发生的时候，不仅仅需要硬性的指标定性，还有很多人为的主观判定。所以，这就需要制定一份判定的标准，这些标准就是合同的条款。

其次，因为重疾险备受重视，很多人接触到重疾险合同的时候，由于有太多医学上的术语和定义，非医学出身的人根本不可能完全看懂，所以，也加重了对保险合同"晦涩难懂"的印象。

其实，即使保障责任再单一的保险，合同中也会有大量与保障责任全面相似的保险合同内容，这些内容属于通用的公共内容。比如阅读指引、保险事故通知、年龄错误、争议处理和名词解释等，几乎每一份合同都会有这些内容。所以，如果一份保险方案既有主险又有多个附加险，那么这些内容在方案里的每一个险别里面都会存在，最后装订成一本，自然就厚了。

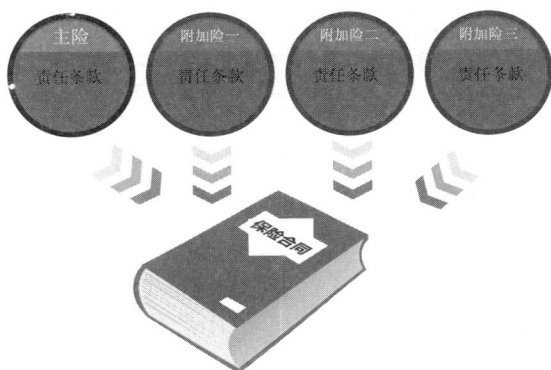

保险合同的组成结构

通用条款基本都是大同小异的，可以不用关心，责任条款才是一份合同的重点关注内容，也是作为客户的我们必须细看且要看懂的内容。

保险合同中最重要的两部分内容

保险责任讲的是该保险提供什么保障，这也是我们买一份保险时最看重的东西，所以必须看清楚，看明白。

1.1	保险责任	在本主险合同保险期间内，我们承担如下保险责任：
	身故保险金	**（一）基本身故保险金** 被保险人身故，我们按照本主险合同**基本保险金额**¹给付身故保险金，本主险合同终止。
	特定轻度重疾保险金	**（一）基本特定轻度重疾保险金** 被保险人等待期后经医院确诊发生本主险合同约定的特定轻度重疾，且此前未发生本主险合同约定的重大疾病，我们按照本主险合同基本保险金额的 20% 给付特定轻度重疾保险金。
	重大疾病保险金	**（一）基本重大疾病保险金** 被保险人等待期后经医院确诊初次发生本主险合同约定的重大疾病，我们按照本主险合同基本保险金额给付重大疾病保险金，本主险合同终止。

首看合同的保险责任

除外责任从某种角度来说，比保险责任还重要，因为明确知道哪种情况不保，才能提前筹划或者加强自律，也能在风险发生的时候避免纠纷。

不同的保险利益，除外责任在合同中的位置不一样，比如单纯的寿险，除外责任就会罗列在一起，成为一个完整的内容。而重疾险，除了有一个大前提的除外责任，在每一个病种里面也会有分项除外责任，这些会以比较明显的字体或者记号标示出来，是为了引起客户的注意。

2.1	责任免除	因下列情形之一导致被保险人发生"特定轻度重疾"或初次发生"重大疾病"的，我们不承担给付特定轻度重疾保险金、重大疾病保险金的责任： （1）投保人对被保险人的故意杀害、故意伤害； （2）被保险人故意自伤、故意犯罪或者抗拒依法采取的刑事强制措施； （3）被保险人主动吸食或注射**毒品**⁹； （4）被保险人**酒后驾驶**¹⁰**机动车**¹¹； （5）被保险人**感染艾滋病毒或患艾滋病**¹²（不包括经输血、因职业关系、器官移植导致的艾滋病病毒感染或患艾滋病）。
5	主动脉内手术	为了治疗主动脉疾病实际实施了经皮经导管进行的动脉内手术。 主动脉指胸主动脉和腹主动脉，不包括胸主动脉和腹主动脉的分支血管。
22	语言能力丧失	指因疾病或意外伤害导致完全丧失语言能力，经过积极治疗至少 12 个月（声带完全切除不受此时间限制），仍无法通过现有医疗手段恢复。 精神心理因素所致的语言能力丧失不在保障范围内。

有的保险有总的除外责任，还有分项除外责任

只要把保险责任和除外责任看清楚了，合同也就看懂了。所以，一份合同基本上都能在 10 分钟内看懂，专业的代理人通常一分钟内就能迅速看懂。

No.105
为了促成交易，保险公司会出什么招

保险公司除了研发产品、给客户理赔，更多的工作内容是以"销售"为中心的。他们有庞大的代理人销售队伍，有完善的销售培训模式，除了少部分时间研究产品，大部分时间都研究如何与客户促成交易，术业有专攻，因此，促成的招数就多了。

保险公司大多数会议的主要内容是"怎么把保险销售出去"

（1）先各种服务，后销售

这是保险公司目前最推崇的销售理念，因为保险需要打通观念才可能接受产品，而人的思想观念是很难被改变的，所以保险公司会想尽各种办法创造与客户见面的理由，如最常见也最主要的保单检视。

◆ 保单检视／托管

保单检视就是由代理人给客户整理家庭所有的保单，讲解目前家庭拥有哪些保障利益、保额多少、保费支出多少、哪些保障快要到期和哪些有生存金领取等。总之，就是让客户清楚家庭现有保险情况。

对于代理人而言，保单检视的目的只有一个：找保障缺口，从而引入销售。基本上无论什么家庭，无论购买了多少保险，只要一经代理人分析，99% 的家庭都有保障缺口，好像保险永远也买不够似的。

如果家里面的保险确实有很长时间没有去整理和总结了，可以让保险代理人做一下保单检视，因为确实有很多客户买了保险太久，基本已经忘了有些什么保障，只是一年一次的缴费才提醒他买了保险。但是如果代理人提出有保障缺口，建议增加保险的话，自己需要在充分认识的基础上，确实需要购买且经济也能承受，才考虑。不要听代理人说有缺口就一定是缺口。

保单检视的目的是寻找缺口，促成新的交易

◆ 参加公司的各种活动

很多保险公司对公司的销售队伍都有活动考核计划，要求必须做满多少场开拓客户的活动，尤其是现在保险公司对代理人开始提倡自主经营之后，以公司出面牵头做的活动就少了，都将资源下放给代理人，自己去做活动。

活动通常有亲子活动、健康知识讲座、健步行活动、手工活动（比如包粽子、做蛋糕等）和读书会等。邀请客户参加，现场就可以增进感情，谈及保险。

其实保险公司大多数活动含金量都不高，90% 的活动都会介绍公司和产品，明眼人一看就知道目的是什么。

但是也不乏有的讲座或者活动价值还是较高的，不管家里有没有保险需求，有时间的话，不妨参加一下这类活动。

其实不要太过介意保险代理人以各种名义搞活动，其最终都是为了销售产品，做销售的不销售产品干什么呢？这是本职工作。

◆　请客送礼

俗话说"拿人手短，吃人嘴软"，保险公司或者代理人个人会投入成本用于经营客户，但是保险公司很少以公司名义给客户送礼，基本都是把礼品发给代理人，作为对代理人的奖励或者经营支持，代理人根据自己的想法把礼品送给有价值的准客户。

当然，很多送礼行为完全是个人行为，比如准客户生孩子，代理人可能会买点礼品去医院探望，这些都是在做客户经营。

◆　邀请体检

邀请体检是近年来比较新兴的一种方式，因为客户被各个保险公司各种邀请之后，已经对保险公司的活动期望值很低，甚至感觉厌烦。因此，保险公司也在想办法迎合客户需求，而健康体检是客户非常关心的问题，且体检后如果有什么问题，自然就能转移到保险话题上。

（2）打停售、涨价、限量、限时牌

保险产品会不定期升级或者换代，但是绝不会断层式地让某一类产品整体停售或者下架。比如 2017 年 4 月 1 日炒起来的"返本险"退市潮。其实并非如此，只是对部分产品做了更规范的调整和启用了新的生命周期表，不但没有涨价，有的年龄阶段反而较以往还有下降。

产品升级会导致价格的变化，但是变化通常很小，并不是代理人宣传的那样，产品单纯价格上涨。既然价格上涨，必然伴随着更加完善的保障利益。

至于限量限时这种营销方式，在开门红期间最常见，感觉买个保险要靠抢才能买到。其实开门红过后，到第二年开门红开始之前，基本上都还是一直可以购买的。

（3）答谢尊贵客户

有的人可能接到过保险代理人的电话，声称你被公司选中成为公司周年庆典的 VIP 嘉宾，邀请到现场参加高端酒会。

其实这只是一种制造见面的说辞，是否为 VIP 客户，基本上全凭代理人自己筛选，认为有开发价值的客户都可以称为"VIP 客户"，而不是客户本身是公司的 VIP 客户。所以，听到这种信息，不要觉得惊喜，你只是被别人认为有开发价值而已。

VIP 含金量很低

No.106

想买保险，去保险公司上班挣自己的钱

保险行业不乏这样的人，明明是自己想买保险，因为听说保险佣金很高，不想"肥水流入外人田"，于是自己进入公司给自己家买，这样自己把自家钱挣了，相当于买了个打折保险。

还有些人，有可能对身边的代理人都不信任，认为保险水太深，怕被骗，所以决定自己进保险公司弄个明白。

无论出于何种考虑，在保险公司招聘的岗前班里面，基本可以分为以下几大类。

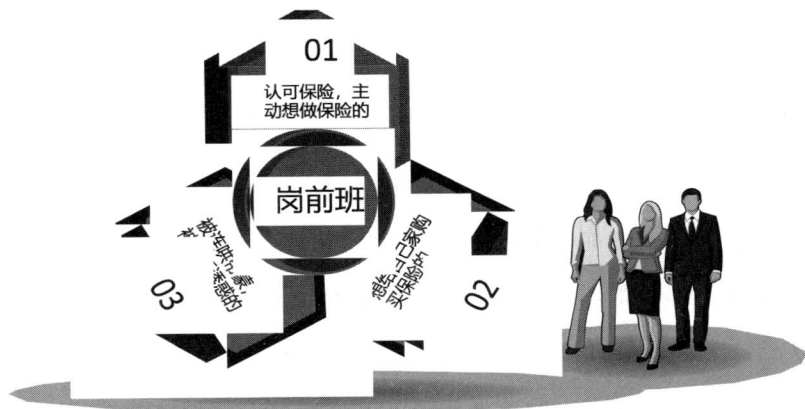

殊途同归进入保险公司的人群分类

上图的第二类人，在保险公司每一期的岗前班里面，比例还不低，占到 30% 左右。自己给自己买，业绩现成的，与其让别人挣去，不如自己挣，这听起来是一个很可取的行为，毕竟进入保险公司的成本并不高，可能就是 100 元左右的培训费。

但其实，结果往往会事与愿违。

小徐在看到周围人很多都买了保险，加之人过 30 岁，危机感、焦虑情绪等逐渐袭来，自己也萌生了想为家庭购买保险的想法。于是小徐找了保险代理人进行咨询，在不断接触的过程中，小徐了解到保险销售佣金很高，保险公司还有各种奖励和免费旅游，小徐本来是一名全职主妇，内心也很美慕职场丽人的家庭地位和生活方式。

其次，与小徐接触的代理人也不断强化小徐可以自己进入保险公司了解清楚后再给自家购买，这样既能挣钱，又买得放心。况且，代价只是去参加公司短短几天的岗前培训班而已。

于是，小徐进入了保险公司，上编第一个月，因为保险公司对新入职的员工上编当月就开单或者更快达到转正业绩，就有额外的奖励，小徐当然希望充分利用自己的保单获取最大的利益，在还没清楚产品的情况下，给自己孩子购买了该公司最贵的保险。

第二个月，连续开单又有奖励，而且还可以快速转正，到时候提成更高，于是，小徐给老公购买了一份保险。

如此下去，在保险公司半年的时间里，小徐给自己家购买了接近 10 份保险，每一份都有值得购买的理由。

最后，离开保险公司的小徐除了过度消耗了自身资源，期间也消耗了部分亲朋好友的资源，就开启了漫长的缴纳保费之路。

至于购买的产品，因为既然进入这家公司，想挣自己的钱，当然只有买这家公司的保险，经过将近一年时间的保险认知积累，小徐才发现所谓的想购买最合适的产品，还不是购买了一堆性价比不高也并不紧要的保险产品。

这就是很多抱着这种美好初衷进入保险公司的人的结局，消耗掉的是自己的时间、精力和金钱，还有为了人情而买单的亲朋好友的金钱。

保险公司的代理人有两条重要的指标，分别是业绩指标和人力指标，在竞争残酷的市场环境下，人力指标的重要性甚至超过了业绩指标。所谓人力，就是人拉人，一层一层，金字塔结构，所以很多人说保险是"传销"模式。

想晋升 必增员

保险代理人成金字塔晋升结构

一个想长远发展的代理人，在看到一个准客户的时候，首先想到的不是卖保险，而是拉进来做保险。

为什么呢？因为如果被推荐进来了的人（增员）开单，推荐人也有一定比例的提成，这同样是一份间接收入。

逐利

代理人是自主经营，类似于商人，本质是逐利

虽然比起直接卖保险得到的收入，增员带来的收入短期内没有直接销售而得到的收入高，但是从长远来看，增员给推荐人创造价值的空间是很巨大的，不但可能给推荐人创造源源不断的收入，更重要的是，可能成为推荐人向上晋升的阶梯。

因此，如果代理人建议你进入公司给自己买保险，他并不是真正为你着想，而是他认为你们可以成为共同创业的利益捆绑关系。

最后，真想自己在自己手里买保险，也确实有时间去做这件事的，也应该事先多了解各个保险公司的产品，尽量对产品多一些认识，从而有针对性地进保险公司。否则，你本来想的是进入整个大池塘捞一条最大的鱼，但是却没想进入的是池塘里不计其数的笼子中的其中一个，可以选择的，也仅仅只是笼子里的鱼而已。进入保险公司后，也不要因为眼前的奖励急着拿自己开刀，一切都建立在充分认识、自身需求和产品责任是否契合的基础之上。

No.107
小心你身边那些隐藏的保险代理人

如今，随着保险公司的增多和保险代理队伍的扩大，大有"人人都跟保险公司脱离不了关系"的趋势，要么成为保险公司的客户，要么成为保险公司的代理人。

而现实中，还有两种隐藏的保险代理人。

（1）兼职

真正喜欢保险工作，愿意自我挑战的人并不多，而队伍扩大到一定程度之后，再想扩张，难度很大。所以，保险公司招人是没有那么容易的。因此，有的保险公司和保险中介机构，大大降低对代理人的考核要求，不用考勤，只需要挂职即可，就算有考勤，也不具有行政压力，违反纪律的成本很低，所以也就无所谓出不出勤。这样，原来的全职工作不受影响，保险有单就卖，也算多了一项收入的渠道。

其实保险公司代理人从制度上讲本身是没有兼职这个说法的，也不会招聘兼职。只是在实际操作中，很多人把这项工作做成了兼职。

通过这类兼职购买保险，会存在很多问题。首先就是普遍专业度不够，推荐的产品未必真的适合客户，甚至讲解的产品利益都未必正确全面。其次是兼职的时间都不长，客户后面需要找别人为自己提供售后服务。

专业性欠佳

参加培训和学习的时间少，产品知识不够扎实，很多人需要靠推荐人辅助才能完成讲解-签单的过程。

兼职的业绩不稳定，随时都可能会被保险公司考核掉，通过他们购买保险的客户会成为保险公司的"孤儿保单"客户。

客户会成为"孤儿保单"

通过兼职购买保险会存在诸多问题

当然，也不是所有的兼职都如此，其中也有比较专业的、业绩稳定的兼职，但是这属于极个别的存在，如果这位兼职跟自己相识较久，很了解他的为人和专业度，也是可以信赖和托付的。

（2）转介绍中心

做保险代理，转介绍很重要，如果转介绍做不好，客户资源就会很快枯竭，因此代理人会有意识地在外面挑选一些在他的朋友圈里面比较受信任、有话语权的人，或者交际比较广的人，作为自己的转介绍中心，充当转介绍中心这个人给自己推荐了客户，只要成交，代理人就将此单业务所得的佣金按事先达成的比例分配给他。

现实中有很多保险转介绍中心

如果这位转介绍中心只是因为本身很认可保险，而出于善意和关心推荐保险，他通常不会一而再再而三地劝说，因为人都是独立的，改变思想并不容易。所以一般只做思想交流和分享，不会刻意劝说。

但是如果本身不属于很亲密的朋友或者亲属关系，他却多次给自己提及保险，劝说自己买保险，还能抛出保险方案，这样的多半就是与保险代理人进行利益分成的转介绍中心。

并不是说这类转介绍不好，而是因为本来只是客户通过代理人在保险公司购买了产品这样一个单纯的行为，现在多了一个利益方进来，后期有什么纠纷或者服务需求，相较正常购买方式而言，无端生出麻烦的可能性会更大。

所以，购买保险的时候，除非有特别值得信赖的转介绍或者兼职，这种信赖不仅仅是信赖为人，更多的是信赖他的专业度和学习能力，否则，就尽量避开他们，还是找保险公司资历较深的代理人或者保险经纪人购买吧。

No.108
安装软件，保险产品一手掌握

保险，在很长一段时间内，都处于信息闭塞的状态，销售方与客户博弈及谈判的过程中，如果能占据优势，多半是信息优势。

随着保险销售渠道的增多，尤其是互联网渠道的发展，加之 80、90 后这种随着互联网一同成长起来的群体成为消费主力军之后，他们有更为独立的思考能力和主动拥抱变化的意识，在遇到问题的时候，更喜欢自己主动搜寻网络资源，自我学习和钻研。

因此，保险行业中信息不对称的局面已经一去不复返了。

但是，由于保险产品的销售仍然分了很多渠道，尤其是保障终身的重疾、寿险这类产品基本都在"个险渠道"，也就是常说的代理人渠道，互联网渠道是看不到这些产品的。所以，客户在购买保险的时候，大多只能听代理人给自己推荐产品，在有限的推荐方案中选择。

其实，客户可以自己安装一个类似于保险超市的软件，比如常见的"保险师""向日葵保险（保险人）"等 APP，在 APP 里面几乎可以看到我国目前所有保险公司的主流产品。很多保险代理人都在用这类软件帮助自己展业和研究同行产品。

有很多类似于保险超市的 APP 可以安装一二

在这类软件里面，如果自己想了解听说的哪款产品或者某个公司的产品，都可以直接选择对应的公司和产品，输入年龄和保额查看保障利益和价格。

通过软件几乎可以查看所有保险公司的热门产品

软件里面还可以进行保险知识、保险政策的学习，当然，外行人通常也很难光凭软件就能做出多么深入切实的判断，只不过可以利用它们让自己对产品多一些了解，平衡与代理人之间的信息不对称造成的博弈劣势，迫使代理人更多地站在客户利益上考虑。